勤俭廉政

民族的共同价值取向

肖东发 主编　冯化太 编著

中国出版集团
现代出版社

图书在版编目（CIP）数据

勤俭廉政 / 冯化太编著. — 北京：现代出版社，2014.10（2020.01重印）
（中华精神家园书系）
ISBN 978-7-5143-3012-0

Ⅰ. ①勤… Ⅱ. ①冯… Ⅲ. ①品德教育－中国－通俗读物 Ⅳ. ①D648-49

中国版本图书馆CIP数据核字(2014)第236301号

勤俭廉政：民族的共同价值取向

总 策 划：陈 恕
主　　编：肖东发
作　　者：冯化太
责任编辑：王敬一
出版发行：现代出版社
通信地址：北京市定安门外安华里504号
邮政编码：100011
电　　话：010-64267325 64245264（传真）
网　　址：www.1980xd.com
电子邮箱：xiandai@cnpitc.com.cn
印　　刷：山东省东营市新华印刷厂
开　　本：710mm×1000mm 1/16
印　　张：11
版　　次：2015年4月第1版 2020年1月第3次印刷
书　　号：ISBN 978-7-5143-3012-0
定　　价：40.00元

党的十八大报告指出："文化是民族的血脉，是人民的精神家园。全面建成小康社会，实现中华民族伟大复兴，必须推动社会主义文化大发展大繁荣，兴起社会主义文化建设新高潮，提高国家文化软实力，发挥文化引领风尚、教育人民、服务社会、推动发展的作用。"

我国经过改革开放的历程，推进了民族振兴、国家富强、人民幸福的中国梦，推进了伟大复兴的历史进程。文化是立国之根，实现中国梦也是我国文化实现伟大复兴的过程，并最终体现为文化的发展繁荣。习近平指出，博大精深的中国优秀传统文化是我们在世界文化激荡中站稳脚跟的根基。中华文化源远流长，积淀着中华民族最深层的精神追求，代表着中华民族独特的精神标识，为中华民族生生不息、发展壮大提供了丰厚滋养。我们要认识中华文化的独特创造、价值理念、鲜明特色，增强文化自信和价值自信。

如今，我们正处在改革开放攻坚和经济发展的转型时期，面对世界各国形形色色的文化现象，面对各种眼花缭乱的现代传媒，我们要坚持文化自信，古为今用、洋为中用、推陈出新，有鉴别地加以对待，有扬弃地予以继承，传承和升华中华优秀传统文化，发展中国特色社会主义文化，增强国家文化软实力。

浩浩历史长河，熊熊文明薪火，中华文化源远流长，滚滚黄河、滔滔长江，是最直接的源头，这两大文化浪涛经过千百年冲刷洗礼和不断交流、融合以及沉淀，最终形成了求同存异、兼收并蓄的辉煌灿烂的中华文明，也是世界上唯一绵延不绝而从没中断的古老文化，并始终充满了生机与活力。

中华文化曾是东方文化摇篮，也是推动世界文明不断前行的动力之一。早在500年前，中华文化的四大发明催生了欧洲文艺复兴运动和地理大发现。中国四大发明先后传到西方，对于促进西方工业社会的形成和发展，曾起到了重要作用。

中华文化的力量，已经深深熔铸到我们的生命力、创造力和凝聚力中，是我们民族的基因。中华民族的精神，也已深深植根于绵延数千年的优秀文化传统之中，是我们的精神家园。

总之，中华文化博大精深，是中国各族人民五千年来创造、传承下来的物质文明和精神文明的总和，其内容包罗万象，浩若星汉，具有很强的文化纵深，蕴含丰富宝藏。我们要实现中华文化伟大复兴，首先要站在传统文化前沿，薪火相传，一脉相承，弘扬和发展五千年来优秀的、光明的、先进的、科学的、文明的和自豪的文化现象，融合古今中外一切文化精华，构建具有中国特色的现代民族文化，向世界和未来展示中华民族的文化力量、文化价值、文化形态与文化风采。

为此，在有关专家指导下，我们收集整理了大量古今资料和最新研究成果，特别编撰了本套大型书系。主要包括独具特色的语言文字、浩如烟海的文化典籍、名扬世界的科技工艺、异彩纷呈的文学艺术、充满智慧的中国哲学、完备而深刻的伦理道德、古风古韵的建筑遗存、深具内涵的自然名胜、悠久传承的历史文明，还有各具特色又相互交融的地域文化和民族文化等，充分显示了中华民族的厚重文化底蕴和强大民族凝聚力，具有极强的系统性、广博性和规模性。

本套书系的特点是全景展现，纵横捭阖，内容采取讲故事的方式进行叙述，语言通俗，明白晓畅，图文并茂，形象直观，古风古韵，格调高雅，具有很强的可读性、欣赏性、知识性和延伸性，能够让广大读者全面接触和感受中国文化的丰富内涵，增强中华儿女民族自尊心和文化自豪感，并能很好继承和弘扬中国文化，创造未来中国特色的先进民族文化。

肖东发

2014年4月18日

廉政源流——公仆意识

廉政思想的萌芽状态 002
召公首先成为廉洁官吏 008
孔子节俭开支的理念 013
孔子的廉政思想形态 021
老子以水喻廉政的说法 027
墨子的廉洁施政主张 035
季文子的廉洁勤俭作风 042
孙叔敖的循吏之功 048
晏婴身为元老能尚俭 056
西门豹除恶俗兴水利 062

廉政建设——为民兴利

070 萧何为官居安思危
077 黄霸为政外宽内明
083 召信臣一心为民兴利
088 诸葛亮坚持勤俭廉政
094 胡质做官追求清廉

廉政于行——俭以养廉

隋文帝倡俭施仁政 100
狄仁杰历职有德政之风 106
卢怀慎清正廉洁之风 114
赵匡胤以俭行廉政 118
包拯除弊铁面无私 123
司马光一贯廉洁自守 130

廉的境界——清正廉洁

136 海瑞刚正不阿做清官
145 张居正以天下为己任
153 于成龙享誉清官第一
160 刘统勋的文正廉洁

公仆意识

古代廉政思想博大精深，它的基本内涵是：廉洁是官员的品德，施政是官员的能力。尧舜禹及召公所践行的“为民父母”的公仆精神，从根本上昭示了“廉政”这一命题的思想。

至春秋战国时期，孔子、老子、墨子等人提出了从政道德方面的要求，也涌现了一批著名的廉吏，如季文子、孙叔敖、晏婴、西门豹等，成为了这一时期廉政思想和廉政建设的主要代表人物。也使“廉政”思想在5000年思想史中，进一步发展成民本、德治、勤政、节用等施政理念。

廉政思想的萌芽状态

古代廉政思想，是在先秦时期萌芽和兴起的。这一时期包括原始社会、夏、商、周、春秋和战国几个阶段。

在原始社会，由于生产力水平极端低下，人们只有依靠集体力量共同劳动才能维持生存，因而在氏族内部财产公有，平均分配，没有私有制、阶级和剥削，也无国家与法律，人们的社会地位平等。

原始人生活场景

正如《礼记·礼运》记载：

大道之行也，天下为公，选贤与能，讲信修睦。

■尧帝画像

意思是说：在大道施行的时候，天下是人们所共有的，把有贤德、有才能的人选出来给大家办事，人人讲求诚信，崇尚和睦。

原始社会晚期，氏族和部落首领没有什么特权和君主独尊的意识，相反地，“为民父母”的原始公仆意识倒是相当强烈的。这种公仆意识的产生，就是我国廉政思想的最初萌芽。

《孟子·梁惠王上》记载：“为民父母，行政，不免于率兽而食人，恶在其为民父母也！”意思是说：身为百姓的父母官，施行政事，假如等同于率领野兽来吃人，这又怎能算是百姓的父母！

氏族和部落首领不仅广泛地听取民众的意见，而且还以戒言或名言的形式去诲人律己。

轩辕黄帝在《诲颛顼》中写道：“爰有大圜在上，大矩在下，汝能法之，为民父母。”意思是说：有皇天在上，大地在下，你能够效法它们，可以做人民的父母官了。

尧在《尧戒》中写道：“战战栗栗，日谨一日，人莫踬于山，而踬于垤。”意思是说：做事应该兢兢业业，每日都要谨慎从事。否则，人不会被高山绊

轩辕黄帝（前2717年—前2599年），华夏上古传说时代一位著名的部落联盟首领，是远古时代华夏民族的共主，五帝之首，被尊为中华“人文初祖”。传说黄帝是少典与附宝之子，本姓公孙，居轩辕之丘，号轩辕氏，建都于有熊，即今河南郑州新郑市，也称“有熊氏”。

倒，却会被小土堆绊倒。

廉政的先决条件是廉吏，因此对官员的选择至关重要。在这方面，氏族和部落首领们认为：继承人必须有极好的德行，足以做百官和庶民的楷模；继承人必须能经受住各种艰难困苦的考验而不后退，因日后他是千万臣民的公仆，而不是高压于人上的至尊；继承人必须有智慧，谋事周到，能提出非常正确的施政意见。

舜画像

尧对选择继承人是十分严肃认真的，也是十分严格的。尧曾经询问四方诸侯之长：“你们之中谁能顺应天命，我把天子之位让给他。”

四方诸侯之长回答是：“我们的德行卑下，不配登上天子的大位。”随即向尧推荐舜。

尧问舜的德行如何，诸侯们回答说：“他是乐官瞽叟的儿子。他父亲心术不正，他的母亲善于撒谎，他的弟弟十分傲慢，虞舜却能和他们和睦相处，并能以自己的孝行美德感化他们，都使他们改恶从善了。”

舜即位后，也曾经召集四方部落首领商议选任一批公职人员。有人推荐皋陶，舜告诫他说：“只有公正廉明才能使人心服。”

有人推举伯夷做主持典礼的官员，舜采纳了这个建议，但他同时叮嘱伯夷说：“要清明正直。”舜还

天子 顾名思义，天之嫡长子。在我国古代，封建君主自称其权力出于神授，是秉承天意治理天下，故称天子，也自称为朕。“朕”代表皇帝的说法，出自于秦国丞相李斯。他对秦始皇说：“臣等昧死上尊号，王为泰皇。命为制，令为诏，天子自称曰朕。”

对那些新任命的其他公职人员说："你们要小心谨慎啊！要时刻记住上天交付给我的事业，要竭尽全力辅助好。"

舜时代提出从政者要有9种品德："简而廉，刚而塞，强而义，乱而敬，扰而毅，直而温，宽而栗，柔而立，愿而恭。"意思是说：平易近人又坚持原则，做事主动坚决又有节制，能力强又能协调好关系，处事公平而持重，耐心随顺又极其果敢，严于律己又宽以待人，行事谨慎如履薄冰，办事方式柔和而又立场坚定，与人为善又严肃负责。

伯夷 炎帝神农氏的第十四世孙，大约生活在公元前2300年前后。伯夷曾担任颛顼帝的大祭司，后为第一代太岳。太岳即华山，因炎帝之裔崇拜天神，以为山高接天，可通天神，故称之"太岳"。后因祭祀天神缘故，产生了太岳这一官职。

依照这些品德，舜不仅要求自己公正廉明，还每3年考核一次这些公职人员的政绩。经过3次考核后，清正廉明的就升迁，否则就降级。由于舜加强了廉政建设，百官尽力，百姓满意，于是一切事业都振兴起来了。

禹继承了舜的帝位后，也表白了自己的廉政理念。他说："民无食也，则我弗能使也，功成而不利

尧帝禅让

■ 大禹带领群众治水图

于民，我弗能劝也。”意思是说：老百姓家里没有吃的东西，我就无法支使他们；事情做成了，却对老百姓没有好处，我就无法激励他们。

尧舜禹均能时时刻刻自检自律，可谓积极的自我监督。同时，他们以自己的行政理念来倡导勤俭廉明之风，促使了廉政思想的最初萌芽。

尧舜禹既是具有伦理道德方面的理想人格的古昔圣王，又是治国平天下的君主楷模。以至于后来的儒家和墨家都以尧舜禹为号召，而且在整个封建时代，从未有人怀疑过尧舜禹在历史上的存在和他们的业绩。

古代廉政思想真正兴起，是在奴隶制时期。自从建立了第一个奴隶制国家夏王朝后，加上商、周、春秋和战国时期，这是历史上的奴隶制时期。

在夏、商、周时期，奴隶主阶级一方面为了维

禹 史称“大禹”“帝禹”，为夏后氏首领、夏代第一任君王。他是轩辕黄帝的玄孙、颛顼的孙子。禹治理黄河有功，受舜禅让继帝位。在诸侯的拥戴下，53岁的禹正式即王位，以安邑即今山西夏县为都城，国号夏。分封丹朱于唐，分封商均于虞。

护自身的根本利益和长效管理，开始寻求实现长治久安的有效途径；另一方面，随着奴隶制国家机器的逐步发展完善，管理效能的日益强化，奴隶主阶级不得不对被管理者的行为进行必要的限制。

奴隶主阶级已经认识到了“民不畏死”，对待人民的反抗，必须加强国家政权自身的建设，其中就包括廉政建设。这样，奴隶主阶级中的一些有识之士，开始陆续提出了一些有关廉政建设的思想主张，廉政思想便在当时的政治思想领域内开始逐步兴起。

至春秋战国时期，各诸侯国争霸战争连年不断，大大加剧了各国之间的政治斗争。同时，新兴的地主阶级开始登上了历史政治舞台，对各国的奴隶主贵族政权形成了强有力的挑战。在这种背景下，奴隶主阶级对于廉政建设的紧迫感进一步加强了。

这一时期的廉政思想，主要表现在以下两个方面：一是以奴隶制国家政权整体作为规范对象，主张在一定程度上调整改善管理政策；二是以从事政治活动的管理者个体作为规范对象。

伴随着春秋战国时期社会大变动和文化大繁荣，廉政文化得到了进一步发展，使廉政思想有了更加广阔的发展空间。

阅读链接

尧在禅位于舜之前，决定先考察一番。尧把自己的两个女儿娥皇、女英嫁给舜，从两个女儿那里考察他的德行，看他是否能理好家政；派舜负责推行德教，看看臣民是否都乐意听从他的教诲；让舜在明堂的四门，负责接待四方前来朝见的诸侯；让舜独自去山麓的森林中，经受大自然的考验。

经过3年各种各样的考察，尧觉得舜这个人各方面都很成熟可靠，而且能够建树业绩，于是决定将帝位禅让于舜。尧退位避居，28年后去世，人们深挚地怀念他。

召公首先成为廉洁官吏

尧舜禹的“为民父母”的公仆意识，在周代的召公身上得到了鲜明体现。

召公，周武王姬发的弟弟。因他的采邑在召，故称“召公”，又称“邵公”“召康公”“太保召公”。召地位于现在的陕西省岐山县西南。

公元前1100年，周武王在灭商3年后去世，他的儿子姬诵即位，这就是周成王，是西周王朝的第二代国王。因当时周成王年仅13岁，便由周公和召公两人辅政。

周公和召公两个人以陕即今河南省陕

召公 姓姬名奭，周文王的儿子，武王的弟弟。曾辅助周武王灭商，被封于燕，是后来燕国始祖。因最初采邑在召，故称召公。周成王时，他出任太保，与周公旦分陕而治，陕原以东的地方归周公旦管理，陕原以西的地方归他管理。他支持周公旦摄政当国，支持周公平定叛乱。他的后代中有人继承了召公的称号，还辅佐了周厉王。

县张汴原为界，分陕而治，召公主西。周公、召公分陕而治的界石，又称为“分陕石柱”，它是我国古代历史上最早的界碑。

召公以人为本，爱民如子，俭以奉身，正道直行，仁厚威重，政肃民清，从侯爵伯爵到老百姓，每一个人都有适应的职位，没有失业的，人人安居乐业。

周公庙内的召公像

召公为官清廉，勤政爱民，以纣为戒，免除暴政，轻徭薄赋。所辖区域，政治清明，社会安定，百姓安居乐业，民风淳朴。

召公还常常不辞辛苦，下乡巡视察看，在田间地头处理民间事务，了解百姓疾苦，奖励农桑，山山岭岭留下了他的足迹，村村寨寨常现他的身影。凡遇民间诉讼，他都仔细察明，秉公决断。

那时黄河经常泛滥，气候干旱成灾。召公就在甘棠树下和百姓一起寻找救灾大计，共谋抗旱方略。鼓励青壮年奋力自救，攀山越岭，寻找水源。

一天，召公来到崤山一带，太阳落山，为了不打扰百姓，他就在甘棠树下，搭一草棚住下。地方官吏要让百姓腾出房屋让他歇息，召公马上制止，他说：“不劳我一身，而劳百姓，这不是仁政。”

这样，召公就在山野的棠树下休息，摘吃棠梨

崤山 位于河南省西部，灵宝市、陕县南部，向东延伸的余脉称为邙山。古代将崤山与函谷关并称为“崤函”之塞，是山峰险陡，深谷如函的形象表达。相传召公曾经来到崤山为百姓寻找水源，栖息在甘棠树下，留下了传颂千古的“甘棠风范”。

召公雕塑

果子解渴充饥，并告诫地方官吏："这甘棠树真好，浓荫郁郁葱葱，果实甜酸可口，百姓劳作累了，可以歇息解渴，要让百姓好好保护它，不要乱砍滥伐，把它做柴薪。"

百姓闻听此事，盛赞召公体恤民情，广施惠政，深得民心，并编成《甘棠》等诗来歌颂召公。

《诗经》里有《甘棠》诗一首，其诗写道：

蔽芾甘棠，勿剪勿伐，召伯所茇。
蔽芾甘棠，勿剪勿败，召公所憩。
蔽芾甘棠，勿剪勿拜，召伯所说。

意思是说：棠荫茂盛树荫长，千万别砍伤，召公曾用它做房。棠荫茂盛树荫长，千万别砍劈，召公曾在此休息。棠荫茂盛树荫长，千万别动手，召公曾在此逗留。

这首诗虽然没有华丽的词语，只有朴素的情感，但这是老百姓发自心声的歌谣，更是老百姓对召公深深的思念。小小甘棠，默不作声，因沐浴了召公清风，成了勤政爱民的象征。由此可见，得民心者永恒。

《甘棠》入选《诗经》绝非偶然。《诗经》是纯

《诗经》是汉族文学史上最早的诗歌总集，先秦称为《诗》，共305首，取其为儒家经典、沿用至今。《诗经》中诗篇所涉及的地域，主要是黄河流域，西起陕西和甘肃东部，北至河北西南，东至山东，南及江汉流域。

粹的民歌，劳动人民口传口唱的歌，可见一个人真正地为人民做了好事，真正地为政清廉，人民是不会忘记他的。一种伟大的精神是要依靠生息着的民众的拥戴，依靠社会主流的支撑与包容而继往开来的。精神本来是无形的，而融汇与吸纳的形式和流程，却是可见的。

姬钊 即周康王，周成王之子。姬钊与其父姬诵统治期间，社会安定、百姓和睦，被誉为成康之治。姬钊继位时，召公为他举行了隆重的登基仪式。召公又作了一篇文章，告诫姬钊要节俭寡欲，勤理国事，守住祖先的基业。

周成王在去世前，恐怕太子姬钊不能胜任，于是，就命召公率领诸侯辅佐，姬钊就是后来的周康王。姬钊登基时，召公率诸侯带着太子姬钊来到先王庙祭祀。召公又做文章告诫姬钊："先祖成就王业不易，一定要勤政为民，专志诚信，节俭廉洁，不可有过高的欲望。"

姬钊继位后，向诸侯宣告先王之德，遵先辈所行，清正廉明，励精图治。所以，天下太平，百姓安居乐业，一切刑罚放在一边，40年派不上用场。这些与召公的辅佐是分不开的。

召公庙

召公去世于康王时期，那时，周王朝已相当稳固了。召公历经周武王、周成王、周康王三朝，他为维护周王朝政权所作的努力，经受了时间的考验，这是对他的政绩的最好说明。

召公没有留下巨著鸿篇，也没有留下警世名言，甚至没有能够留下只言片语。然而，他却把自己留给了煌煌3000年历史，留给了一代一代生息繁衍的中华民族的子孙。

人们为了感念召公的恩德，集资在陕州即现在的三门峡市陕州风景区内建“召公祠”，栽甘棠树，使召公载誉天下，留传百代。后来，“召公棠”这一典故，用来称颂惠政及管理者的惠施惠行。

召公勤政爱民的“甘棠风范”，为官清廉的美德被人们世代流传。后人评价召公功绩说：“所幸周之有召公，若汉之有萧何，镇国家，抚百姓，给馈响，不绝粮道，方有周公三年之征，久战克胜。”

召公为政，具有既正己身复能正人，问政阡陌，爱民如子，劳己不劳民，为公不为私的精神。这种精神是后世清风之源，而召公则为天下廉吏之祖。

阅读链接

当年周武王伐纣灭商以后，封召公为右相，召公便在现在的陕西省宝鸡市扶风县召公镇开设公馆，栽植甘棠树。他在馆内聚集子仆、兵士、当地百姓讲学论道，习周公之礼，论学问之道，开创了周代“学在官府”的教育模式。

召公有一大爱好就是喜欢栽植菊花，众人知其爱好多助他栽植，在当地逐渐形成菊花园。每到秋季，菊花一开，金黄一片，观赏者络绎不绝，当地逐渐形成了一个小集镇。后来，人们就把此地的名字叫“召公”“召村”或“菊村”。

孔子节俭开支的理念

孔子是将尧舜禹的公仆意识发扬光大的人，更崇尚召公开创的廉吏清风。他一生都在为了恢复周礼而努力研究治国，而节用思想是他治国思想的一个重要方面。

青年孔子像

孔子自幼家境贫寒，3岁丧父，是母亲颜氏将他抚养长大。后来他做官，周游列国，讲学授徒，整理典籍，成为春秋末年的思想家和教育家，是儒家学派始祖，被尊称为“圣人”和“万世师表”。

孔子对为政清廉的尧舜禹大加赞美说：“巍巍乎，舜禹之有天下也，而不与焉。”意思是说：多么崇高啊！舜和禹得到天下，不是夺过来的。

孔子所处的时代，社会混乱，政局动荡。他继承和发扬了尧舜禹“做百姓父母官”的公仆思想，提出来自己关于勤俭的见解。

《论语》开篇后第一句涉及勤俭节约的话是，要求国家“节用而爱人”，要求国家审慎使用财富，爱惜百姓的人力。其中的“节用”两字，集中体现了孔子的清廉节俭的为政思想。孔子认为，做人应该“温、良、恭、俭、让”，他把“俭”作为自己的人生态度之一。孔子本人非常注重廉洁，一生都过着清淡寡欲的生活。

孔子在生活中是很注意节俭的。当时用苎麻做的帽子，是举行冠礼时戴的，但这种帽子做起来费工费时，如果用丝来做，则容易织成，并且省工省时，因而俭省一些。

孔子认为，做行冠礼的帽子，用麻用丝只是原料不同，和礼的本质无关，所以用什么节俭就用什么。这就体现了孔子“礼与其奢也，宁俭”的思想。

孔子一向崇尚节俭，认为吃粗饭，喝白水，弯着胳膊当枕头，这种生活中也有着快乐。用不正当的手段而得来的宝物，在他看来就好

孔子读书雕塑

比天上的浮云。

孔子的俭用思想，在料理丧事方面表现得很突出。他认为料理丧事，要根据家庭的经济情况，经济富裕的不要过分；经济差的只要殡葬了就可以了。他的这个主张与今人的“入土为安”思想很接近。

孔子及弟子画像

孔子70岁时，他50岁的儿子孔鲤去世了。按当时孔子的大夫身份，再加上有很多的弟子帮助，给他儿子厚葬完全是有条件的，但是“鲤也死，有棺而无椁”，只是举行一般葬礼埋了。

孔鲤去世后不久，孔子的得力弟子颜回去世了。颜回的父亲和孔子的弟子都要厚葬颜回，孔子考虑到颜回家中本来穷困，若用厚葬，就超出了他家庭的实际负担，所以他认为“不可”。

孔子对富有的贵族，也规定了一个丧葬的最高限度，比如他在任中都宰时规定“四寸之棺，五寸之椁。因丘陵为坟，不封不树”。他的这一规定不仅在鲁国有效推行，而且成了诸侯丧葬的准则。

孔子不但自己保持着艰苦朴素的生活作风，而且还在弟子中提倡这一生活作风。对于能够耐得住清贫的人，他是十分赞赏的。

子路是孔子的得力弟子，他生活俭朴，得到了孔子

冠礼 也称成年礼、“成丁礼”。是华夏民族嘉礼的一种，是古代汉族男性的成年礼。冠礼表示男青年至一定年龄，性已经成熟，可以婚嫁，并从此作为民族的一个成年人，参加各项活动。是由氏族长辈依据传统为青年人举行的。

■孔子出行场景

子张（前503年—？），孔门弟子之一。出身微贱，而且犯过罪，经孔子教育成为“显士”。孔子去世后，他独立招收弟子，宣扬儒家学说，是“子张之儒”的创始人。子张之儒列儒家八派之首。

颜回（前521年—前481年），他14岁即拜孔子为师，此后终生师事之。在孔门诸弟子中，孔子对他称赞最多，不仅赞其“好学”，而且还以“仁人”相许。后世历代对他无不推尊有加。

的大力称赞：“衣敝缊袍，与衣狐貉者立，而不耻者，其由也欤？”意思是说：子路穿着破旧的衣服与穿着皮衣的富家子弟站在一起，却不觉得惭愧，表现出内心充裕，重视道德，不计较衣着破旧的高贵品质。

孔子对子路不嫉妒，不贪求，量入为出的艰苦朴素的生活作风给以极高的评价。

孔子的弟子颜回每天的饮食就是一小筐饭，一瓢水，而且住的地方也十分简陋，但他依然保持乐观的精神，发愤学习。孔子曾给予他高度的评价，称他是真正的“贤德之人”。

当然，在孔子看来，也不是衣服穿得越破旧越好，应根据自己的生活实际量入为出；对超出自己生活实际，去追求豪华服饰的生活作风是反对的。他主张要根据自己的实际生活情况，衣服整洁，举止端正，即所谓“出门如见大宾”那样。

有一次，孔子的弟子子张向他请教怎样当官。孔子说了几条，其中有“惠而不费”和“欲而不贪”两句，前者强调的是为政利民、无费于财的思想，后者意谓为政者自己要追求仁德，戒掉贪欲。这反映了孔子的清廉节俭的为政思想。

为政者如何才能做到清廉节俭，孔子认为关键要耐得住清贫，要有吃苦的精神。他希望为政者能做到"饮食上不要太追求，居住上不要太讲究""即使是在长期的贫困中也要坚守自己良好的品德和对理想的追求"。

孔子的弟子子夏做了莒父宰后去向他问政，他说："无欲速，无见小利。欲速则不达，见小利则大事不成。"意思是说：做事不要图快，不要只见眼前小利，如果只图快，结果达不到目的；只图小利，就办不成大事。说明做事不能只图快不求好，急于求成反而干不好事。

孔子这句话一方面是讲为政者在政绩上不要图快，要做脚踏实地的工作；另一方面是讲为政者要廉

子夏（前507年—？），孔子弟子。性格勇武。他提出过"仕而优则学，学而优则仕"的思想，还主张做官要先取信于民，然后才能使其效劳。相传《诗》《春秋》等书，均是由他传授下来。

孔子说教图

洁勤俭，不要贪图小利。如果见了小利就起贪心，“则大事不成”。

为政者清廉节俭，孔子除了要求为政者要做到耐得住清贫之外，还提出了一个更高的精神境界，就是要以“三无私”的精神来从政。

据《礼记·孔子闲居》记载，有一次孔子和弟子们讨论道德修养问题，子夏问孔子怎样才能修成良好的道德品质，孔子回答说，从政者要用“三无私”的精神来为天下人操劳。子夏又问什么是“三无私”？

孔子说：“就是天无私、地无私、日月无私。”他又解释说，天无私才能覆盖大地，地无私才能承受万物，日月无私才能普照天下，用这三种精神来为天下人操劳，这就叫“三无私”。

孔子自己在为政时，更是以清廉节俭要求自己，克勤克俭，尽到了一个官员应尽的义务和职责。

当时鲁国的世卿叔孙无忌听说孔子在中都治政如神，就派家臣前来观摩学习。家臣来到中都，恰逢孔子到四周的乡村巡视去了，家臣就参观起中都宰衙的建筑来。只见它虽不富丽，但也庄严，而且城池没有城墙，更没有一个护城的兵役。

正在疑惑之际，中都宰衙的衙役送来了饭食，仅一盘鲤鱼和一碟蔬菜。家臣就问：“平日你们老爷就吃这样的饭菜吗？”

衙役答说：“平日老爷以吃蔬菜粗粮为主，根据老爷的吩咐，凡有客人到来，才加鲤鱼一条，表示以礼相待！”

家臣听了，默不作声。饭后，家臣又信步来到街市场，只见货殖充裕，平卖平买，秩序井然，感觉中都的确不是虚传。他游览过街市回到衙门时，孔子已在公堂等候了。

家臣问孔子说：“先生，这中都的政绩，与外面传闻的确名副其实，只是在下见那城墙已败，为什么不再修筑一下呢？”

孔子说：“我关心的是百姓的生活，修筑城墙，要劳役百姓，百姓不种庄稼而来筑城，岂不怨声载道？况且，丘并不认为城墙能有什么大用。”

孔子说：“丘为官是为了天下百姓，不是为了自己占据一块疆土，更不想凭借一块疆土觊觎天下。如果百姓真心实意拥护我，若有人来侵犯，百姓们自然会来保护，城墙可以用武力攻破，而民心是用武力打不破的！”

家臣说：“先生的美德仁政，在下敬佩之至！”他接着又问，“先生，我一路而来，见百姓都在田里干活，比其他的地方都要勤劳，不知是否颁布了什么好的政令？”

孔子说：“我只教育他们重视农活，争取丰衣足食。如果不讲清道理只是一味去命令他们，强迫他们，他们不会如此卖力干活的。

“我心里想的是老百姓，做的事也是为了老百姓，他们自然对我非常信任。如果一个

孔子圣迹之《鲁昭公送鱼图》

地方官吏能以关心百姓的态度端正自己的行业，那管理这个地方还会有什么困难？如果自身不端正，又怎能端正别人呢？我曾说过，‘其身正，不令而行，其身不正，虽令不从’。地方官本身清廉节俭，不发命令人民也会照样去做；本身不正派，即使下严厉的命令也不会有人服从的！”

家臣听了孔子的一席话后，深有感触，尤其是听到孔子说的“其身正”，更觉得不虚此行。此后不久，鲁国大夫季友的私人领地费邑也派人前来请教，齐国的几个县邑也派人来中都取经。

孔子德治中都的政绩，在天下传开，从此，人们都称孔子为“圣人”。中都的老百姓们还作歌赞誉道：

圣人出，黄河清；
圣人治，中都富。

孔子“节用”思想是古代廉政思想中的宝贵财富，极大地丰富了古代廉政思想的内涵。这一思想对后代臣民都产生了极为深远的影响。

阅读链接

孔子曾经大加赞美弟子颜回安贫乐道的精神。据《论语·雍也第六》记载：“孔子说：‘颜回吃的是一小筐饭，喝的是一瓢水，住在穷陋的小房中，别人都受不了这种贫苦，颜回却仍然不改变向道的乐趣。贤德啊，颜回！’”后来颜回去世时，孔子甚至呼天号地，无奈地认为是老天爷要他的命。

节俭不只是人的一种生活态度，而且是一种精神状态。孔子认为，执政者更要正确对待物质享受。如果执政者只追求物质而没有精神追求，是坚决不可取的。

孔子的廉政思想形态

廉政思想是孔子治国思想的另一个重要方面。孔子的廉政思想包括了“仁政”“以身作则”“身体力行”“知过必改”。此外，他还提出来“举贤才”的施政措施。这些思想都已经成为后世为政之大端。

孔子画像

儒家政治学说的核心是实行“仁政”。孔子是儒家学派的创始人，他提出的“爱人”2字，是以“仁政”治天下廉政思想的高度浓缩。“仁者爱人”“为政以德”，直接把“仁”与“爱”结合，反映了孔子要求执政者从自身做起的思想。

孔子在周游列国时，一次走到

孔子出游图

泰山脚下，见一老妇人在坟前痛哭，问起原因，她说自己的公公、丈夫、儿子为了躲避官府的苛政来到山中，结果都被老虎吃了。孔子听后感慨地说："苛政猛于虎也！"

在孔子生活的那个时代，无论是旧的奴隶主贵族还是新兴的地主贵族，无一不在盘剥百姓，以致出现了"苛政猛于虎"的残酷现实。

孔子对于不顾民众死活，只顾个人利益而疯狂盘剥民众的残暴行径，是十分反感的。他主张"为政以德"，要"节财""利民""富民""使民以时"。他要通过施行"仁政""德治"实现理想社会。

冉求（前522年—前489年），孔子弟子。以政事见称。多才多艺，尤擅长理财，曾担任季氏宰臣，帮助季氏进行田赋改革，聚敛财富，受到孔子的严厉批评。冉求是孔子的得意门生，在孔子的教导下逐渐向仁德靠拢，其性情也因此而逐渐完善。

有一次，4个学生坐在孔子身旁，孔子让他们各言自己的志向。子路说到用武力治国，冉求说到用经济治国，公西赤说到用外交治国，孔子都不甚满意。

后来曾点说："暮春三月，在和煦的暖风里，我陪同五六个成年人，六七个小孩，在沂水旁边洗洗澡，在舞雩台上吹吹风，一路唱着歌走回来。"

孔子对曾点的理想表示十分赞赏。他认为，一个国家强盛了，富裕了，还要进行道德教育和文化熏陶。只有这样，才能真正天下太平，达到“老者安之，朋友信之，少者怀之”的境地。

孔子在周游列国后回到鲁国，当时的鲁国丞相季康子对孔子非常敬重，他很想和孔子长谈一次，请教一些治国的道理。

一天，季康子主动上门拜访，宾主见面后各依礼而坐。

孔子说：“丞相以重礼迎丘归国，使丘结束流浪生活，得以落叶归根，恩重如山，实当厚报，然丘不敢越礼，故先拜谢国君，后谢丞相，还望丞相恕罪！”

季康子笑着说：“先生何出此言，为人臣者，理当如此！望先生不必客气。我今来此，是向先生请教何谓政治。”

孔子回答说：“政者，正也。丞相率先行正路，百姓谁敢肆行偏邪呢？”

正说着，孔子的弟子、正在担任季康子宰臣的冉求来报告，说又抓住一些盗贼，不知做何处置。

季康子见国内盗贼为患，苦于无法管束，感叹地对孔子道：“盗贼四起，抓不胜抓，这么多的盗贼从何而来？”

孔子坦诚相告：“这事在上而不在下，如果为官者自己

曾点 儒家一代传人“宗圣”曾参之父，是孔子的学生，《史记·仲尼弟子列传》记其名为“蒧”。史籍对曾点的记述极少，但他豪放不羁的性格与举止在当地被传为美谈，并有“鲁之狂士”之称。

公西赤 （前509年—？），孔子弟子。在孔子弟子中，公西赤束带立朝，娴宾主之仪，以长于祭祀之礼、宾客之礼著称，且善于交际，曾“乘肥马，衣轻裘”到齐国活动。

孔子杏坛讲学图

孔子圣迹之《赐药图》

都不贪图财货，即使你奖励偷盗，他们也不会去偷。”

季康子听了孔子这番话，心中有些不悦，便命令冉求说：“把抓来的那些盗贼统统给我杀掉！”

孔子说：“丞相治理政事为什么一定要用杀人的办法呢？正民先正官，吏治好了，民风自然就会好。君子之德是风，百姓之德是草，风从草上吹过，草必定随着风倒，这个浅显的道理，难道丞相还不晓得吗？”

季康子反问：“先生的‘仁政’、‘德治’，莫非是不要刑罚吗？”

孔子从容镇定地回答说：“丘倡导以仁化民，以德治天下，并非废除刑罚。治国，当宽猛相济。政宽，则百姓慢，慢则当纠以猛；政猛，则百姓苦，苦则施以宽。宽以济猛，猛以济宽，宽猛相济，则政和而民服。”

孔子反对杀人，主张“仁政”和“德治”。在上位的人只要善理政事，百姓就不会犯上作乱。这里讲的“仁政”，是有仁德者的所为。否则，必然会引起百姓的反对。

在廉政方面，孔子除了强调“仁政”和正人先正己外，他还是第一个提出“举贤才”思想，并把它作为改革政治的措施加以论述。

管仲（前725年—前645年）。东周春秋时代齐国的政治家、哲学家、军事家，周穆王的后代。管仲辅佐齐桓公成为春秋时期第一霸主，有“春秋第一相”之誉。

周武王（约前1087年—前1043年），周文王的次子。华夏杰出领袖，西周的建立者。他继承其父遗志，推翻商朝统治，成为西周王朝的开国之君。

孔子认为，选拔人才与治理国家二者之间的关系十分密切，他认为，舜得到5位贤才为臣，才将天下治理得井井有条，英明的周武王也是有10位贤才的辅佐。因此，他主张为政者应当赦小过，举贤才，将正直的人提拔起来，使其地位居于邪恶人之上，这样便能使邪恶之人效仿学习，也可能变得正直。

对于如何选拔使用人才，孔子提出了自己的一系列主张和观点。

在选人标准方面，孔子主张选拔德才兼优的人委任职务。像管仲、子产、微子、箕子、比干、澹台灭明、史鱼都是德才卓异、纯正耿直的人，应予以任用。举用这样的人，有了一批精明干练的文臣武将，即使国君昏庸无能，也不至于导致国家败亡。

在选人的办法方面，孔子提出了许多建议。比如："听其言而观其行""视其所以，观其所由，察其所安""众恶之，必察焉；众好之，必察焉"，只有"乡人之善者好之，其不善者恶之"的人可以免察。简单地说，就是要重事实，不轻信言语，要看本质和主流。

在因能任职方面，孔子认为，必须根据所选人员的才能委任职务，才能大的任要职，才能小的任卑职。委任职务时，还要考虑到各人的专长和性格特点。

君子 特指有学问有修养的人。"君子"一词出自《易经》，被全面引用最后上升到士大夫及读书人的道德品质始自孔子，并被以后的儒家学派不断完善，成为中国人的道德典范。"君子"是孔子的人格理想。君子以行仁、行义为己任。《论语》一书，所论最多的，均是关于君子的论述。

孔子圣迹之《退修琴书图》

孔子谈到他的几个学生时认为，像子路其人，有胆有勇，性格率直，可以治理一个国家兵赋；冉求谦虚，多才多艺，可以管理一个大县邑的政事；公西赤通达礼节，可以做个外交官员。

孔子的因能任职的看法，是很有见地的，他认为用这个原则去使用人才，定能做到才尽其用。

孔子还认为，执政者能否将政事做好，就在于能否团结人。执政者应该严于律己，宽以待人。他强调说，各级官吏要以道义相交，不能以私利相处，应庄重矜持，团结亲善，而不能尔虞我诈、争权夺利、结帮拉派。只有这样，管理阶层内部才能团结一致，政事才能做好，政权才能巩固，国家大治才有希望。

孔子还认为，随着形势的发展和国事的需要，各级官员的职位自然会有变动，作为真正忠于国事的为政者，就应能上能下，提升官职不喜，降职或免职也不怒。

总之，孔子的廉政思想是非常丰富的。他面对当时的政治现实，在总结历史的经验和教训的基础上提出的廉政思想，在古代历史上是有着深远的影响的。

阅读链接

儒家认为，为政成功与否全在得民心。得民心者得天下，不得民心，自身尚且难保，遑论天下。欲望，人皆有之，包括孔子，关键是要做到“欲而不贪”。

孔子提出为政五德，“欲而不贪”最为重要，为政者能够“惠而不费”“劳而不怨”“泰而不骄”“威而不猛”，功夫尽在“欲而不贪”。政治是公益事业，唯有不贪者能服众，唯有不贪者能得民心，唯有不贪者能致太平。这就是说，去掉贪心，也才有可能拥有天下。

老子以水喻廉政的说法

在先秦时期思想家中，老子的廉政思想，旨在提出为人、为官、为政的原则和规范，这是他辩证思想的一个组成部分。

老子，春秋末期思想家、道家创始人。老子与孔子、墨子等人一起，将尧舜禹的“公仆意识”理论化，从而构建了古代廉政思想的文化长廊。

老子自幼聪慧，静思好学，常缠着家人要听国家兴衰、战争成败、祭祀占卜、观星测象之事。父母望子成龙，就

老子 本名李耳，是古代伟大哲学家和思想家、道家学派创始人，被唐朝帝王追认为李姓始祖。存世有《道德经》，其作品精华是朴素的辩证法，主张无为而治，对我国哲学发展具有深刻影响。在道教中老子被尊为道祖。

请精通殷商礼乐的商容老先生教授。商容通天文地理，博古今礼仪，深受老聃一家敬重。

老子在商容的教育下，天文、地理、人伦，无所不学，《诗》《书》《易》《历》《礼》《乐》无所不览，文物、典章、史书无所不习，3年而大有长进。后来，商容生病了，老子就去看老师。他见老师病情严重，就说："先生的病已经很重了，难道您没有什么话要留给弟子们的吗？"

商容听到老子问起，便说："你就是不问我，我也会要告诉你一些话的。"

老子一听，便挺直腰板，说："愿先生教我。"

商容说："我先问你，经过故乡要下车步行，你知道这里面的道理吗？"

老子回答说："我知道。经过故乡要下车步行，意思是说不要忘记过去。"

商容听到老子回答，嘻嘻一笑，说："你回答得对。我再问你，经过乔木的下面要快步走，知道这里面的道理吗？"

老子回答说："经过乔木的下面要快步走，意思是说要敬重年长。"

商容又嘻嘻一笑，说："你又回答对了。"说着，他将口张开，指着口腔，向老子说道，"你看，我的舌头还在吗？"

老子回答说："舌头还在。"

商容又问："我的牙齿还在吗？"

老子回答说："您的牙齿都掉光了，没有了。"

商容便对老子说："你知道其中的道理吗？"

老子突然明白了师父要讲什么，便恭恭敬敬地回答说："我明白了，您要说的就是舌头还在，因为它是柔软的，牙齿没有了，因为它刚强的缘故。这就是说，柔弱胜刚强。"

商容见老子领悟得如此迅速，非常高兴，他"嘿嘿"一笑，对老子说道："你讲得非常对。天下的事理都在这里面了，我再也没有什么可以告诉你的了。"

这是一个很典型的故事。在这个故事中，商容说路过故乡的时候应该下车，老子马上领会到这是教育他不要忘本。

所谓"一方水土养一方人"，所谓"饮水思源"，都与这段问答有关。古人在自己有所成就之后，都要感父母的恩，感乡亲的恩，感故乡的恩，或者回馈故乡，或者铺路修桥，或者出资办学，其中体现的就是这段问答的精神。

商容说见到高大的树应该快步向前表示敬意，老子马上领会到这

老子雕塑

■老子论道

是教育他要敬老。

看到老人家、看到长者，为什么要向他们致以敬意呢？因为他们有丰富的知识，丰富的人生阅历，丰富的经验，因而能够形成“春风化雨”般的感染力，无须多言，光是跟随身旁，就有许多受用。

商容用舌头与牙齿的存亡作比喻，暗指柔能克刚，老子又一次领会了这是教育他处世之道。

纵观老子为后世留下的《五千言》，我们很能看到治国理政、为人处世等方面的论述，体现了他对“以柔克刚”的深刻理解。遇到这样有悟性的学生，还有什么遗憾呢？难怪商容高兴地说自己没有什么可以教他了。

公元前538年的一天，鲁国的孔子和弟子南宫敬叔前往洛阳，拜访老子。老子见孔丘千里迢迢而来，

函谷关 位于河南省灵宝市北的王垛村。是历史上建置最早的雄关要塞之一。这里曾是战马嘶鸣的古战场，素有“一夫当关，万夫莫开”之称。这里又是古代思想家、哲学家老子著述《道德经》的地方。千百年来，众多海内外道家、道教人士都到这里朝圣祭祖。

非常高兴，教授孔子礼乐之源，道德之要。又在临别之际，在黄河之滨给孔子讲水德，说“上善若水”，使孔子大受教益，深得为政、做人之妙道。

尹喜 周代楚康王之大夫，他自幼究览古籍，精通历法，善观天文，习占星之术，能知前古而见未来。后来他眼见天下将乱，便辞去大夫之职，请任函谷关令，以藏身下僚，寄迹微职，静心修道，或称“关尹”。

大约在老子70多岁的时候，天下大乱，诸侯之间争夺地盘和权位的战争经常发生。老子预料到，将来会发生更大的战乱，所以就辞官不做，骑着一头青牛离开了洛阳向西走去，打算远走高飞了。

老子离开洛阳向西必须要经过函谷关。函谷关两山对峙，中间一条小路，因为路在山谷中，又深又险要，好像在函子里一样，所以取名为“函谷关”。守关的长官是尹喜，称“关令尹喜”，是一个修养与学识极其高深的人。

一天清晨，善观天象的关令尹喜突然看到东方紫气氤氲，便出关相迎。果然见到一位气质非凡、仙风道骨的人，骑着一头青牛慢慢向关口行来。竟然是老子！尹喜早知其名，一见之下，惊喜万分。

尹喜知道他要远走高飞了，就一定要让这位当代

■孔子问礼老子

《道德经》又称《道德真经》《老子》《五千言》《老子五千文》，是古代先秦诸子百家前的一部著作，为其时诸子所共仰，传说是春秋时期的老子所撰写，是道家哲学思想的重要来源。它是我国历史上首部完整的哲学著作，被华夏先辈誉为万经之王。

最著名的思想家留下他的智慧来，于是缠着他，要他写一点著作作为放他出关的条件。

老子当然是不太愿意的，但是如果不答应关令尹喜，他是不会放自己过关的。老子没办法，于是只得答应条件。

另外，老子答应他还有一个原因。尹喜能看天象，看星宿，看云气，看到一团紫气飘来便知是圣人来了，因此也佩服这位智者，知道这个人非同一般，更有一种得遇知音的感觉，于是就为他著书了。

那时老子沉思默想，将他的智慧一个字一个字地写在了简牍上，先写了上篇，又接着写了下篇，据说写了几天，共写了5000字左右。这样，一部五千言的惊天动地的伟大著作诞生了！

后来人们把老子的这篇文章分成81章，印刷成

老子出游壁画

道德经碑廊

书，取书名就叫《道德经》，又叫《老子》。《道德经》上篇叫《道经》，下篇叫《德经》。

据说，尹喜读到这样美妙的著作，深深地陶醉了，被吸引了。他对老子说：“读了您的著作啊，我再也不想当这个边境官了，我要跟您一起走，恳请您答应我吧！”

老子莞尔一笑，同意了。据说，当时关令尹喜真的跟着老子出走了，据说后来还有人看到他们两人一起在西域流沙河那儿出现过，而且都活了好长好长的岁数。

老子一生济世度人，教化众生，让人们懂得宇宙万物之道的真理。他的思想都留在了《道德经》中，其中也包括政廉思想。在《道德经》中，老子以水为喻，论述了他的做人、政廉的思想：

上善若水。水善利万物而不争，处众

紫气 紫色的霞气，古人以为瑞祥的征兆或宝物的光气。古人以紫气为贵，所以紫气一词多用于建筑方面，至今仍有紫气东来一说，意即房屋风水至尊至贵。

简 是战国时期秦国及后来的秦朝遗留下来的。我国古代战国和秦朝时期，书写主要利用竹木简，没有现在的纸张。简的发现对于研究秦的历史有着无法替代的重要作用，特别是对秦法律的研究，尤其重要。

人之所恶，故几于道。居善地，心善渊，与善仁，言善信，正善治，事善能，动善时。夫唯不争，故无尤。

意思是说：最高的善行像水那样。水善于帮助万物而不与万物相争，它停留在众人所不喜欢的地方，所以接近于道。向善的人居住要像水那样安于卑下，存心要像水那样深沉广博，交友要像水那样宅心仁厚，说话要像水那样诚信，为政要像水那样有条有理，办事要像水那样尽自己所能，行为要像水那样适时适度。正因为像水那样与万物无争，所以才没有烦恼。

其实，老子最高尚的、最伟大的品格就是像水一样。做人也好，执政也罢，要做到廉洁如水。这是老子倡导的为人处世、无为而治的根基。

总之，老子的思想博大精深，其为政廉洁、抵制贪欲、清心养廉、为德以廉、无为而治等思想，是廉政文化建设不可或缺的思想资源。2000多年过去了，这些思想仍然闪耀着威严的光芒，直透人心，观照社会。

阅读链接

有一天，老子在路上行走。走着走着，一位老人走上去问老子：“我一生碌碌无为，可我有住的吃的花的，而我的邻居一辈子在田里耕作，可住得并不好，而且都先我而去。你说人是不是应该像我这样？”

老子听后，拿来路边的石头和砖头问这位老人：“两样东西，你会选择哪样。”

老人说：“石头虽寿命长，但砖头对我有用。”

老子说：“正如石头和砖头一样，人的价值也在于此。人不在乎活得长短，而在乎他对这个社会是否有价值。”

墨子的廉洁施政主张

墨子，战国时期著名的思想家、教育家、科学家、军事家，墨家学派的创始人及主要代表人物。墨子对传统的公仆意识的阐发，体现为以兼爱为核心，提出了节俭、尚贤、廉政的施政主张。

“兼爱”是墨子最著名的思想。墨子认为社会上出现强执弱、富侮贫、贵傲贱的现象，是因天下人不相爱所致，因此主张平等与博爱。

墨子把兼爱思想也运用到了

■墨子（前468—前376），名翟，是战国时期著名思想家、教育家、科学家、军事家，墨家学派创始人。后来其弟子收集其语录，完成《墨子》一书。他提出了“兼爱”“非攻”“尚贤”“尚同”“天志”“明鬼”“非命”“非乐”“节葬”“节用”“交相利”等观点，创立了墨家学说。墨子是历史上唯一农民出身的哲学家。

墨子彩像

政治上，形成了节俭、尚贤、廉政几大节点，这是墨子提出的施政主张。墨子继承和发扬夏禹不怕艰苦，无私奉献的精神，并以夏禹为榜样，提倡节俭。

夏禹为了治水，水里来泥里去，吃不好睡不好，搞得腿肚子无肉，小腿上无毛，为利天下，极为辛苦。后来的墨者，都崇尚大禹精神，以羊皮粗布做衣，穿着木屐草鞋，日夜不息，以自苦为原则，不这样就不称为墨者。在这种思想的指导下，墨子节俭精神体现在其各种主张和行为之中。

墨子认为，圣王之所以能称王天下，其关键就在于他们爱民利民，谨忠谨厚。这是夏禹的精神，也是节俭的出发点，只有如此，才能忠信相连，真正做到节俭。

墨子的节俭思想观念，是出于对社会的腐败糜烂的忧患，浪费无度的痛惜。他认为，圣王治理国家和天下，都是“用财不费，民德不劳，其兴利多”。衣裘、宫室、甲盾、舟车求其实用，而不要豪华。

当时有一个叫曾国的小国，它的国君非常浪费

木屐 简称为“屐”，是华夏传统的两齿木底鞋，走起来路来“吱吱”作响，适合在雨天泥上行走。若鞋面为帛制成，则称为“帛屐”。木屐是汉人在隋唐时期以前，特别是两汉时期的普遍服饰，一直没有中断过，目前木屐在潮汕地区仍非常普及，据说木屐有男方女圆的区别。

奢侈，每次吃饭的时候都要上几百道菜，这些菜有的甚至连尝都没尝过就被倒掉了。他的一顿饭足够一个穷人吃几个月了，可他每次不是嫌菜太少，就是嫌味道不好，经常骂仆人：“就这么点儿菜，让我怎么吃饭，你们是不是想饿死我呀？”

墨子知道了这件事以后，就对人说：“曾国就要灭亡了！”

有人问墨子“你凭什么说曾国要灭亡了？难道你听说有哪个大国要攻打它吗？”

墨子坚定地说：“我是从它的国君吃饭的习惯中知道的。他这么浪费，大臣们也一定会受他的影响，不知节俭。”

墨子进一步阐述道：“君臣不知百姓劳作的辛苦，只知一味地剥削百姓，满足自己奢侈浪费的生活，这样只会导致百姓生活越来越困苦，一个个挨饿受冻，最终逼得百姓人人都想造反。如果一旦有别国来攻打，百姓没有反抗能力，或者有反抗能力的也不想反抗，这样的国家能不灭亡吗？”

果然，没过多久，正像墨子预言的一样，曾国很快就被别的国家灭掉了。

墨子从曾国的灭亡中得出

曾国 是西周、春秋时期位于湖北随州一带的姬姓诸侯国。曾国不见于传世文献，但自宋代以来，屡有曾国地下遗存出世。战国时期的有随州擂鼓墩曾侯乙墓，还有随州文峰塔发现的春秋时期的曾国，可以认定的确有一个不存在于文献记载的曾国在湖北随州一带一脉相承。

墨子木雕像

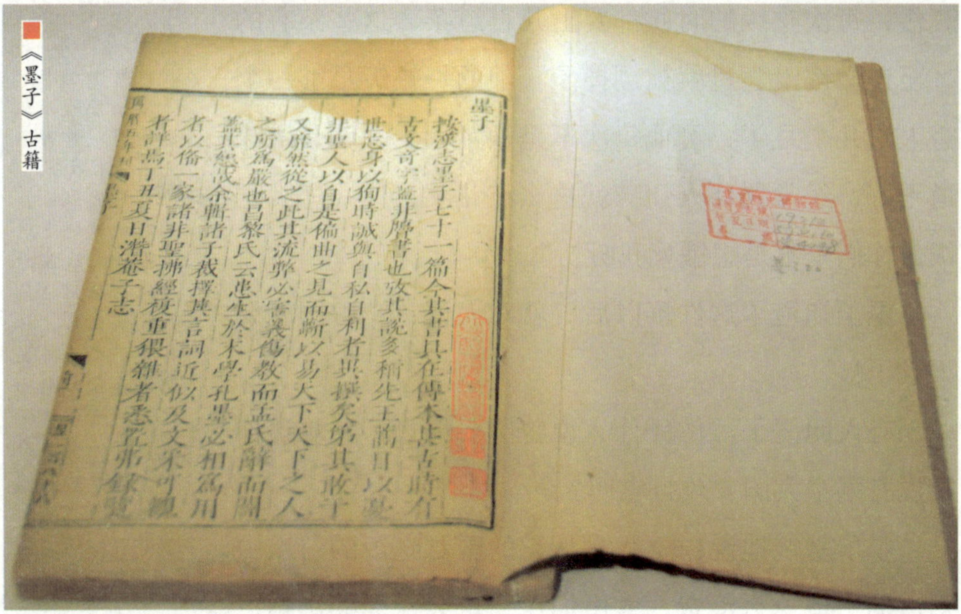

《墨子》古籍

这样的结论：奢侈浪费有时会关系到国家的生死存亡。显然，奢侈浪费是与大禹精神完全违背的。

为了提倡节俭，墨子和他的学生们，过着十分俭朴的生活，身上穿的是粗布短衣，脚上穿的是麻鞋木屐，吃最简单的饭菜，住最简陋的房子。

墨子极力主张节俭，反对浪费。他曾经对自己的学生说过：“我们这个社会差不多有一半的财富被浪费掉了。如果这一半节约下来，那社会不就等于多了一倍的财富吗？”

墨子不但自己非常节俭，当他听到有人浪费时，也总是毫不客气地指责批评。

在当时，奴隶主、王公贵族们去世后，要劳动人民为他们营建坟墓。棺材外面用很大的木椁，还捆3层牛皮。逝者穿着非常讲究的衣服，一起埋葬的有玉器、丝织品、饮食用具等数不清的珍贵的东西，地下要修巨大的墓穴来埋葬这些东西。

为了减轻人民的负担，墨子反对奴隶主、王公贵族奢侈浪费的寄生生活，提出“节用”“节葬”的主张。他说：“人们穿衣服是为了御寒，夏天防暑热和雨水；制造车船是为了便利交通。”因此，他坚决反对在衣、食、住、行方面的任何浪费。

关于埋葬逝者，墨子说：“一个人去世了，有3寸厚的木板做棺材就可以了；只要有几件衣服，不让死人赤身裸体就够了；至于坟墓，只要能掩埋住棺材，止住尸体的味道就行了，又何必坑挖得很深，土堆埋得像小山那么高呢？”

此外，墨子一生不但节俭，而且勤劳。墨子是一位精通机械制造的人，他特别擅长制造防御战争中使用的器械。他曾亲手制造了许多对人民的生活和生产有用的东西。

墨子的“尚贤”是指尊重有才德的人，这是墨子的一个重要主张，常与“兼爱”并称。它包括选举贤者为官吏，选举贤者为天子国君。

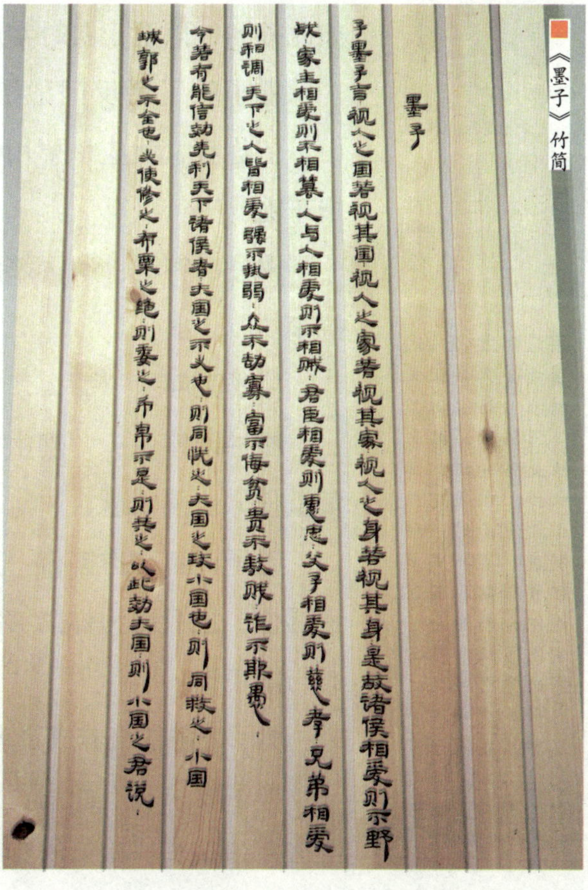

《墨子》竹简

墨子自己在培养和选拔人才上是很有讲究的。耕柱是墨子的得意门生，不过，他老是挨墨子的责骂。有一次，墨子又责备了耕柱，耕柱觉得自己真是非常委屈，因为在许多门生之中，自己是被公认的最优秀的人，但又偏偏常遭到墨子指责，让他感觉很没面子。

一天，耕柱愤愤不平

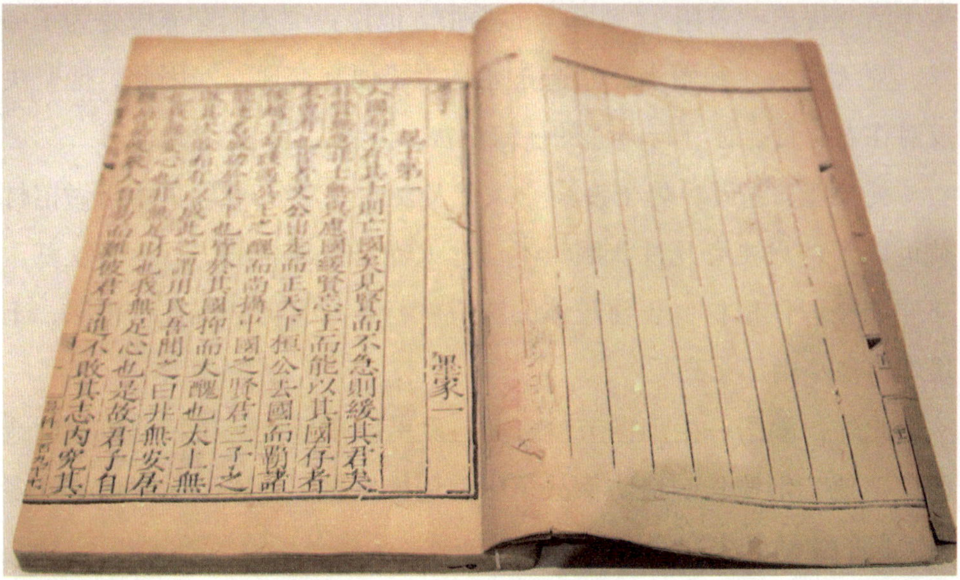

《墨子》清刊本

地问墨子：“老师，难道在这么多学生当中，我竟是如此差劲，以至于要时常遭您老人家责骂吗？”

墨子听了后反问他道：“假设我现在要上太行山，依你看，我应该要用良马来拉车，还是用老牛来拖车呢？”

耕柱回答说：“再笨的人也知道当然要用良马来拉车。”

墨子又问：“那么，为什么不用老牛呢？”

耕柱回答说：“理由非常简单，因为良马足以担负重任，值得驱遣。”

墨子说：“你答得一点也没有错。我之所以时常责骂你，也只因为你能够担负重任，值得我一再地教导与匡正你。”

为了把耕柱培养成贤者，墨子可以说是煞费苦心。

墨子要求君上能尚贤使能，即任用贤者而废抑不肖者。他认为，国君必须选举国中的贤者，而百姓理

宗法制度 是由氏族社会父系家长制演变而来的，是王族贵族按血缘关系分配国家权力，以便建立世袭统治的一种制度。其特点是宗族组织和国家组织合而为一，宗法等级和政治等级完全一致。这种制度确立于夏朝，发展于商朝，完备于周朝，影响了后来的各封建王朝。

应在公共行政上对国君有所服从。墨子要求上面了解下情，因为只有这样才能赏善罚暴。

作为一个平民思想家，墨子把“尚贤”看得很重，以为是政事之本。他特别反对君主用骨肉之亲，对于贤者则不拘出身，提出“官无常贵，民无终贱”的主张。反映了当时平民阶层希望打破宗法制度，争取自身政治权利的心声。

墨子的廉政思想体现为是否利国利民，并为执政者制定了相关的标准。他认为：兴利除弊、造福黎民，是廉政建设的根本宗旨；义利统一、义在利先，是廉政建设的价值选择；尚贤立本、公平公正，是廉政建设的可靠依托；节俭节葬、恤民惠民，是廉政建设的题中要义；营造氛围、高层垂范，是廉政建设的关键所在。

这些标准反映和代表了劳苦大众的利益诉求，在一定程度上体现了以人民为价值主体和评价主体的思想。这在墨子生活的时代，无疑具有强烈的针对性和先进性。

阅读链接

墨子以“兴天下之利，除万民之害”为己任，到处奔走，宣传行义。经过几年的实践，他深感靠一个人的力量不够，必须组织更多的人为义献身。大约在30岁之前，墨子创办了人类历史上第一个设有文、理、军、工等科的综合性平民学校，培养了大批人才，史称“弟子弥丰，充满天下”。

墨子学说影响很大，最后成为了“言盈天下”的“显学”，也就是与现实联系密切，引起社会广泛关注的学问。是我国最早成为显学的学说。

季文子的廉洁勤俭作风

先秦时期，除了孔子、老子、墨子等思想家对廉政的论述与实践，还有诸侯国许多贤臣廉吏，在自己思想实践中，践行了他们对廉政的理解与认识。春秋时期鲁国贵族、著名外交家季文子就是其中之一。

季文子铜像

季文子在鲁国久执国政，历经鲁宣公、鲁成公、鲁襄公三君，是对鲁国发展具有重要影响的人物。

季文子的父亲季友和他的二哥庆父、三哥叔牙是历史上有名的季孙氏、孟孙氏、叔孙氏“三桓”势力的老祖。“三桓”名声不好，可季文子的廉政清明以及他的“三思而后行”的思想，却得到后世的肯定。

鲁宣公执政期间，季文子当了宰相。他除去了制造内乱的东门襄仲，驱逐了他的儿子公孙归父，使国内有了一个较稳定的环境；他推行“初税亩”，开始按占有田亩多少征税，迈出了从奴隶赋税制向封建赋税制过渡的一步；他请求晋国出兵，并和晋在鞍邑打败了齐，收回了被齐侵夺的隆邑；他建立鞍邑之战胜利纪念馆，以此让公室不忘国耻，树立胜利的信念。

孟献子画像

季文子在政治上取得了很大的成绩，而他对自身修养的要求则更为后人重视。他以廉洁俭朴的形象在诸侯列国中形成了很好的口碑，被诸侯列国奉为廉吏楷模。

季文子崇尚俭朴，以节俭为立身的根本。他穿衣只求朴素整洁，除了朝服以外没有几件像样的衣服。每次外出，所乘坐的车马也极其简单。与此同时，季文子还要求家人也过俭朴的生活，家中没有穿丝绸衣服的妾，厩中没有喂粮食的马。这在钟鸣鼎食之家，确实极为少见。

有一次，季文子家中来了一位贵宾，这位贵宾非常赏识季文子的才华，见他案头的文具过于陈旧，特地为季文子送上一套非常考究的文具。

季文子见人家一片诚意，因而对客人风趣地说道：“您看我居室中哪样东西能和您这礼物相比呢？我一向用惯了旧物件，要是一下子用上您这东西，恐怕文思会大减的。我看您还是留着自己用吧！”

初税亩 是春秋时期鲁国在公元前594年实行的按亩征税的田赋制度，规定不论公私田，一律按亩收税。它是承认私有土地合法化的开始，从律法的角度肯定了土地的私有制，使我国历史从奴隶社会向封建社会的发展迈出了关键的一步。

■季文子雕像

就这样，季文子硬是让他把礼品收了回去。

季文子以鲁国执政的身份而大兴节俭之道，为鲁国政治带来了一股清新的风气，并在客观上起到了表率的作用。

鲁国政治家孟献子有个儿子叫仲孙它，经常出入季文子这位长辈家中。仲孙它血气方刚，看到季文子这样节俭，很不理解他为何过这样的日子，并认为这有损于鲁国形象。

有一次，仲孙它带着疑惑的神情质疑季文子说：“您身为上卿，德高望重，但我听说您在家里不准妻妾穿丝绸衣服，也不用粮食喂马，您自己也不注重容貌服饰，这样不是显得太寒酸，让别国的人笑话您吗？这样做也有损于我们国家的体面，人家会说鲁国的上卿过的是一种什么样的日子啊？您为什么不改变一下这种生活方式呢？这于己于国都有好处，何乐而不为呢？”

季文子听后淡然一笑，对仲孙它严肃地说：“我也希望把家里布置得豪华典雅，但是看看我们国家的百姓，还有许多人吃着粗糙得难以下咽的食物，穿着破旧不堪的衣服，还有人正在受冻挨饿，想到这些，我怎能忍心去为自己添置家产呢？如果平民百姓都

上卿 古代官名。春秋时期，周朝及诸侯国都有卿，是高级长官，分为上、中、下3级，即上卿、中卿和下卿。战国时作为爵位的称谓，一般授予劳苦功高的大臣或贵族。相当于丞相的位置，并且得到王侯、皇帝的青睐。

粗茶敝衣，而我则装扮妻妾，精粮养马，这哪里还有为官的良心！况且，我听说一个国家的富强与光荣，只能通过臣民的高洁品行表现出来，并不是以他们拥有美艳的妻妾和良骥骏马来评定的。既然如此，我就不能接受你的建议。”

这一番话，说得仲孙它满脸羞愧之色，只得红着脸走开了。

季文子把此事告诉了孟献子。孟献子不仅是个很正直的官员，也是个不简单的父亲，他把儿子仲孙它在家关了7天让他面壁思过。

仲孙它终于迷途知返，认识到了自己的错误，效法季文子，积极改过。从此以后，他十分注重生活的简朴，妻妾只穿用普通布做成的衣服，家里的马匹也只是用谷糠、杂草来喂养。

季文子听闻仲孙它改过之事，赞赏地说：“犯了错误能及时改正的人，就可以成为人上之人了。”后来提拔他为上大夫。

在“礼崩乐坏”的春秋时期，身处政治斗争旋涡之中的季文子为什么能够做到清廉节俭？关键在于他办事总是“三思而后行”。凡事总要做到有备无患，这是季文子稳妥周全的行事风格。

■鲁国赋税改革官员蜡像

季文子有一次打算要出使晋国，在准备好聘礼之后，又让随从准备些丧事之礼以应急。随从都不理解其中的原因，季文子就解释给他们说："备而不用是古人留下的善言名句。如有急需而却没准备，那情况就太难堪了，多预备点没什么害处。"

同样在节俭这一问题上，季文子也是一思再思。他认为，节俭是爱民的出发点，力行节俭，才是达到国家治理的正确途径。廉洁和节俭不仅仅只是个人生活作风问题，而是蕴含着政治生活中的大道理。

孔子听到弟子谈论季文子的事迹后说："对于季文子这样的人来说，想两次也就可以了。"

孔子的意思是说，季文子审慎多思与行事缜密，对这样一个人，再要求他慎思，只怕会过犹不及。

慎思之，明辨之，是儒家一贯主张。孔子对季文子的"三思而后行"是持积极而肯定的态度的。孔子在设坛讲学的过程中，曾以季文子、子产等享誉一时的人物为例，给弟子们阐述做人为官之道，希望弟子通过他们自己的努力，建立像季文子等人那样的品行和功业，进而实现他们的政治抱负。

公元前568年，季文子因病逝世，鲁襄公前往吊唁，发现随葬品都是些案头、橱中破旧的东西，不禁问道："家中难道不舍得拿出些值钱的东西陪葬吗？"

季文子家人听罢摇头答道："家中实在没有一件金、玉等贵重物品。"

鲁襄公不解地问道："为什么不购置些来呢？"

季文子的管家听罢，含着泪说："国君，我家主人一生节俭，还常为国事而解私囊，家中一点点积蓄也没有。如若不信，这里有账可查。"管家向国君奉上季文子家的账簿。

鲁襄公边看边点头，随行的不少官员亲眼看见这样的情形，也都大为震撼。此事传至百姓中，人们都夸赞季文子品德高尚。季文子作为堂堂三朝元老不但没有什么积蓄，甚至连丧葬用品都准备不齐，这确实让人感叹不已。

季文子廉洁节俭，得到了后世极高的评价。西汉时期史学家司马迁借用"君子"的话称他既"忠"又"廉"."忠"说的是他对鲁国政治与外交的贡献，"廉"则是对他生活作风的褒扬。

季文子作为朝廷重臣，能够注重个人修养，廉洁勤俭，不仅在鲁国的内政外交中发挥了重要作用，更为后世树立了一个廉吏的楷模，受到后人不断的赞誉和尊崇。他的"三思而后行"的思想，也一直影响着后世。

阅读链接

季文子去世后，没有葬在季氏私邑的费地，而是葬在离鄫国只有3000米的神峰山。鄫国是夏代少康给他小儿子姒曲烈的封国，因鄫、鲁关系密切，季文子一直担心鄫国的安全，因此葬在了神峰山。这里背负鲁国群山，面向鲁南平原，山上清泉长流，山前泇水环绕，是一风水宝地。

鄫国人为了怀念他，特别把埋葬季文子的神峰山命名为"鲁卿山"，后人们又称鲁卿山为"文峰山"，在其墓地前又建立季文子庙，并将文峰山东鄫城西面的泇水支流河叫"季文子河"。

孙叔敖的循吏之功

孙叔敖画像

如果说季文子为世人树立了一个廉吏的楷模，那么，孙叔敖则以自己的亲身实践，彻底粉碎了某些人“高官厚禄者一定腐败”的世态断言。

孙叔敖出生在一个小官吏家庭，最初在乡间务农。耕种的同时他刻苦读书，很有学问，很多人都知道他是个满腹经纶的人。

公元前614年，楚庄王即位。为了国家强盛，楚庄王在即位之初就寻求治国人才。他听到孙叔敖很有才能的消息后，就请求孙叔敖出山做官，任命他为令尹。

孙叔敖当了令尹后，四方的吏民纷纷登门祝贺，都觉得孙叔敖遇到了大好时机，可以一展宏图了。他虽然已经身居高位，却能够谦虚待人。

这一天，有一位老者来到了孙叔敖府上。只见老者白头发、白胡子、白帽子、白衣服，通身白色，仿佛给人吊丧一般。众人都认为这是个老疯子，主张把他轰走。

孙叔敖劝阻大家说：“不能这样，不能这样。他既然如此怪异，其中必有缘故。今天不管是谁，来到府上都是客人。”

孙叔敖雕塑

为了表示对老者的尊重，孙叔敖整好衣冠，把老者请到了厅内，恭敬地向老者施了一礼，诚恳地向老者说：“请问老人家，人尽来贺，您独来吊，您有什么话要教导我吗？”

那位老者一板一眼地说：“我有三句断言：身处富贵而傲慢无礼地教训他人者，人们就会唾弃他；职位很高而独断擅权、玩弄权术者，国君就会厌恶他；享受的俸禄已经很多，仍贪心不足者，众人就会独避他。”

孙叔敖听了这番话，赶忙给老者作揖行礼，请他多加教诲。

老者接着说：“身贵而不骄民，位高而不擅权，

令尹 是楚国在春秋战国时代的最高官衔，是掌握政治事务，发号施令的最高官，其执掌一国之国柄，身处上位，以率下民，对内主持国事，对外主持战事，总揽军政大权于一身。令尹主要由楚国贵族当中的贤能者来担任，也有少数外姓之人为令尹，实不多见。

■古人灌溉水车

禄厚而不苟取。你若能坚守这3条为官的原则，就可以治理好楚国了。”说完，飘然而去。

孙叔敖听完老者的话，敬佩不已，心想这一定是哪方世外高人来指点自己。因此，他更觉得自己应该为国家、为百姓多做好事，做一个勤俭廉政的贤臣。

孙叔敖任令尹后，大力兴修水利工程。约公元前605年，他主持兴建了古代最早见于记载的大型渠系水利工程期思陂灌区。期思陂就是现在的河南商城或其附近一带。他带领民工在期思排除积水，将古期思水引入众多的小陂，形成期思陂灌溉之野。

孙叔敖又主持兴建了古代淮河流域最著名的水利工程芍陂。他疏引淠河经白芍亭东积成湖，灌溉周围原野。后来，芍陂工程经过自汉至唐代的多次修浚，方圆达到200里，灌田万顷。

孙叔敖不但重视农田水利建设，还注重牧业和渔业发展。他劝导百姓利用秋冬农闲季节上山采伐

芍陂 又称“安丰塘”。位于今安徽省寿县南。由春秋时楚相孙叔敖主持修建，与都江堰、漳河渠、郑国渠并称为我国古代四大水利工程。芍陂建成后，使当地每年都生产出大量的粮食，并很快成为楚国的经济要地。数千年来，芍陂水利工程一直发挥不同程度的灌溉效益。

竹木，在春夏多水季节通过河道运出去卖掉。这样使资源得到合理利用，也利于国家富足和百姓生活改善。

由于孙叔敖兴建水利工程，大力发展农业，并注重牧业和渔业多项发展，使楚国经济迅速恢复与发展，人民很快裕强起来了。

《史记》上记述了当时楚国的繁荣景象：上下祥和，民俗美善，政令宽松，令行禁止，官吏中没有奸邪之人，盗贼不起。秋冬季节孙叔敖劝说百姓进山采矿，春夏兴修水利，大家都得到了好处，百姓都为这样的生活感到快乐。

孙叔敖还帮助楚庄王进行币制改革。当时楚庄王认为钱币太轻，就把小钱改成大钱，结果百姓使用不方便，都不做生意了。

这时，管理集市的官员对孙叔敖说："集市混乱，百姓不知道到哪里安身，社会秩序无法安定。"

孙叔敖问："这样的情况有多少时间了？"

集市官员回答："有3个月的时间了。"

孙叔敖说："现在就停止使用大钱，我马上下令从今天开始恢复使用小钱。"

楚国鬼脸钱

楚军战争场面

5天后，孙叔敖在上朝时奏请楚庄王："以前以为小钱太轻，换成了大钱。如今管理集市的官员来说'集市混乱，百姓不知道到哪里安身，社会秩序无法安定。'我请求下令恢复使用小钱。"

楚庄王答应了，下令3天，集市恢复得像原来一样繁荣了。楚庄王因得到这样一个好令尹，心里也很痛快。

孙叔敖任令尹后，还大力整顿军队。他曾依据楚国的军事典令和战争实践，明确规定军队的行军顺序和各自的任务。使楚军在行进中军行严整，常备不懈；战斗中统一指挥，军令肃然。

经过孙叔敖的大力整顿，楚军的战斗力大大增强。在强大的军事力量支持下，楚国迫使郑国投降，楚军还击败了晋国的军队，对楚庄王称霸起了重要作用。由于孙叔敖行政、治军有功，楚庄王多次重金封赏他，但他坚辞不受，工作上更加兢兢业业，忠于职守。

孙叔敖不仅政绩十分突出，还一向持家严格，勤俭为本，不许家人铺张浪费。为官多年，家中却没有积蓄。

由于长年劳累，孙叔敖晚年染上了重病。他躺在病床上思前想后，最不放心的就是他的儿子孙安。

孙叔敖想：自己死后，大王很可能会赐给孙安一份丰厚的产业，或者留孙安在大王身边做官。如果这样，孙安当然不用发愁衣食穿用，可这对他没有什么好处。孙安自幼在生活方面已经比普通人优越了，如果再不靠自己的努力去养活自己，学会俭朴地过日子，他就会变得更懒，变得更奢侈。这样，自己做父亲的，不是害了儿子吗！

孙叔敖想到这儿，忍着病痛坐起来，一笔一画地给楚王写了一份奏章。

孙叔敖写好奏章，把孙安叫到跟前，语重心长地对他说："孩子，父亲一生清苦朴素，廉洁为公，没有积蓄，不能给你留下什么遗产。我已经活不久了，我死后，楚王可能封你做官，或者赐你产业。我是了解你的，你没有治理国家的才能。我死后，你就回老家种地务农吧！大王如果一定要给你产业，你就只收下寝丘那块地，千万不要争什么好地，选一块没人要的地就可以了。记住，我一生俭朴，不求富贵，希望你也如此。"

孙叔敖雕像

孙安流着泪答应着。孙叔敖又将写好的奏章递给孙安，说："刚才嘱咐你的意思，我都写在奏章里了。我死后，你把奏章呈给楚王。"

几天后，孙叔敖病逝了，孙安遵照父亲的遗嘱，将奏章交给楚庄王。

楚庄王一看，上面除了有关内政、外交、经济及爱护百姓、奖励耕织的许多建议外，还写了这样一段话："靠了大王

寝丘 古地名。其地有沈国陵寝，位于沈国古城之南，成为平原之丘，数千年风雨冲刷后的今天仍高20米。隋唐时期更名为“沈丘”“沈国陵寝之丘”之意，古沈丘县县治在今临泉县城。孙叔敖之子孙安所封之寝丘非沈丘，因当时沈国仍在，孙叔敖去世后近百年沈国乃灭。

的信任，我这样一个普通的乡下人居然做了楚国的令尹。尽管我十分努力办事，也报答不了大王的恩宠。现在，我要离大王和楚国而去了。我只有一个儿子，但他没有治理国家的才能，我恳求大王不要留他在身边做官，让他回到家乡去生活，这就是对他很好的照顾了。”

楚庄王一边看着奏章，一边流泪。看完奏章，他痛心疾首，冲着天上喊：“苍天啊！你为什么夺走我的股肱之臣！”

楚庄王要孙安留在身边当大夫。孙安坚持要照父亲的嘱咐决定回家乡去。结果孙安带着母亲回到老家种地为生。因为父亲没有遗产，去世时又花去一笔丧葬费用，所以生活十分贫苦。但他牢记父亲的话，秉承父亲的家风，俭朴持家，日子勉强过得去。

孙叔敖塑像

后来，楚庄王还是请孙安在宫中做官。孙安仍表示要坚持遵照父亲的意思不愿做官。楚庄王说：“不做官，就封你一座城吧！”孙安无论如何也不要。

楚王说：“你什么都不要，我心里如何过得去？天下人也要骂我的。”

孙安说：“如果这样，就请大王把寝丘那块地封给我吧！”

楚王说：“寝丘可是块没人要的废地呀！”

楚庄王出征塑像

孙安说："这不是我想出来的。是父亲临终前这样交代的，我怎么好自作主张更改呢？"

最后，楚庄王叹息了一阵，只好答应了孙安的要求，把寝丘封给了他。

孙叔敖兢兢业业，一心治国，虽功勋盖世而清廉俭朴，品格高尚。他以自己的实践，打破当初那位世外高人关于"身贵骄民、位高擅权、禄厚苟取"的世态断言，表现了一位贤吏高超的处事方式。孙叔敖备受后人赞誉，司马迁在《史记·循吏列传》中列其为第一人。

阅读链接

春秋时期，楚国百姓喜欢矮小的车子，楚庄王认为矮小的车子不便于马拉，想下令让百姓把车改造成高大的。孙叔敖认为不宜强制下令改车，如果一定要改造成高大的，就应该先把街巷两头的门限加高。

楚王同意了，就先加高了街巷门限。过了半年，百姓都自愿地把车改造成高大的了。

孙叔敖这种做法，就是不用教育的手段而百姓却能顺从君王的心意改变自己的行为。其他诸侯国家，不论远近，看在眼里，都跟着效仿这种做法。

晏婴身为元老能尚俭

晏婴是春秋后期齐国政治家、思想家和外交家。他的从政实践具有自己的特色，他的事迹告诉人们，勤俭既是传统美德，也是成就事业的素质。

晏婴在任宰相的时候，为齐国的富强做了不少好事。由于他在齐灵公、齐庄公、齐景公三朝时做高官，所以他又

■ 晏婴（前578—前500），字仲，谥平，春秋时夷维，即山东高密人。是春秋后期一位重要的政治家、思想家、外交家，以生活节俭，谦恭下士著称。他爱国忧民，敢于直谏，在诸侯和百姓中享有极高的声誉。头脑机灵敏，能言善辩，善于辞令，使楚时曾舌战楚王，维护了国家尊严。

被人称为齐国的“三朝元老”。别看这位“三朝元老”在齐国居官的时间长、地位高、有名望，但他日子过得相当节俭。

晏婴平时穿的是粗布衣服，即便祭祀祖先的时候，也不过把衣服和帽子洗干净穿上而已。一件狐皮大衣，也只是在出使他国或参加盛典时穿，并且一直穿了30多年。每日粗茶淡饭，正餐也不过是糙米饭，只有一荤一素两个菜。

齐景公问政图

由于晏婴生活清苦，齐景公曾经多次派人给晏婴送去生活上的费用，但晏婴根本不愿接受，多次叫来人带回。齐景公见晏婴不肯收钱，也没办法，于是便决定亲自去晏婴家视察一下。

一天，齐景公专门找了个吃饭的时间到了晏婴家。他故意不让随从报告，自己径直走到晏婴饭桌前。这时，晏婴正端着一碗糙米饭在吃。饭桌上只放着两盘菜：一盘鸟肉，一盘青菜，而且量相当少。

齐景公看到这种情形，感慨地说：“你的生活如此清苦，这是我的不对啊！你总说生活并不贫穷，今天我算是亲眼见了。”说完，惭愧地低下了头。

可晏婴像什么事情也没有发生一样，他先客气地请齐景公坐下，而后语调平和地说：“大王，我的生

齐景公（约前561年—前490年），春秋后期齐国国君。他的大臣中有相国晏婴、司马穰苴以及梁邱据等人。齐景公既有治国的壮怀，又贪图享乐，因此身边有治国之臣和乐身之臣，而他就是运用如此的治国用人之道的。

活的确很不错了。现在百姓的生活很不富裕。一般做小官的，每顿不过吃饱小米饭。我的饭桌上有一盘鸟肉，这就等于一般小官的两顿饭了，现在又加上了一盘青菜，这就等于人家的三顿饭了。您说，我的才能不会比普通人高出一倍，可我却吃了他们三个人的饭，我的生活能算清苦吗？”

大夫 古代官名。西周以及先秦诸侯国中，在国君之下有卿、大夫、士三级。大夫世袭，有封地。后世遂以大夫为一般官职之称。秦汉以后，中央要职有御史大夫，备顾问者有谏大夫、中大夫、光禄大夫等。至唐宋尚有御史大夫及谏议大夫之官，明清时废。又隋唐以后以大夫为高级官阶之称号。

齐景公被晏婴说得无话可说，无可奈何地摇着头。

晏婴平日上朝时，总是乘坐一辆劣马拉的破旧车子，有时甚至步行着去。齐景公知道后，便派人送去新车骏马，可使者连续送了两趟，都被晏婴回绝了。然而，齐景公还是觉得晏婴乘坐的车马与他的身份太不相称了，所以仍坚持要送他一辆由几匹良马驾的好车，于是第三次派人送去，可还是被晏婴拒绝了。

齐景公非常不高兴，责问他为何不收，晏婴说：“您让我管理全国的官吏，我深感责任重大。平时，我反对奢侈浪费，要求他们节衣缩食，以减轻百姓的负担。我若乘坐好车好马，百官们便会上行下效，奢侈之风就会流毒四方。假如真的到了那个时候，恐怕

晏子见齐景公画像石

■ 晏公祠里的晏婴雕塑

就再也无法禁止了。”

晏婴虽然官居相位，但从未嫌弃自己昔日的糟糠之妻，更没有纳妾的想法。

一天，齐国大夫田无宇路过晏婴家门口，看到晏婴站在大门外，便凑上去打招呼。这时，只见屋内走出一位颤颤巍巍的老妇人，满脸皱纹，满头白发，身上穿着粗布做的衣服。田无宇等那妇人走远后，问晏婴：“刚才那位老妇人是谁啊？”

晏婴说是自己的妻子。

田无宇听后哈哈大笑说：“您位至卿大夫，为何不另娶一位妙龄阿娇，却同一个老太婆厮守在一起？”

晏婴白了他一眼，不屑一顾地回答说：“我曾听人说，‘抛弃年老的，是为不守礼义；纳娶年少的，是为淫乱。’何况是见色忘义，因富贵而失人伦，简直可称得上是大逆不道。难道你希望看到我有淫乱之

卿大夫 西周、春秋时期国王及诸侯所分封的臣属。规定要服从君命，担任重要官职，辅助国君进行统治，并对国君有纳贡和服役的义务。一般情况下，卿的地位较大夫为高，卿的田邑较大夫为多，并掌握国政和统兵之权。

晏婴塑像

行，不顾人伦而另娶，做那些倒行逆施、寡廉鲜耻的事情吗？”

一席话，说得田无宇面红耳赤，无地自容。

据说，齐景公有位年轻貌美的宝贝女儿，愿意嫁给晏婴。一天，齐景公到晏婴府上赴宴，酒至半酣，看到一个老妇人穿堂而过，便明知故问：“这就是您的妻子吗？”晏婴点头称是。

齐景公故作惊讶地说：“哎呀，怎么这么老，这么丑啊！”接着又说自己有个女儿年轻漂亮，愿意嫁给他做夫人。

晏婴一听，马上站了起来，诚惶诚恐地表示：“现在，我妻子确实又老又难看，但她年轻时也是很漂亮的。只是随着岁月的流逝、年龄的增加，才变成这般模样的。我们已经共同生活了几十年，我决不能辜负她！”并进一步说，“无论任何人都会随着岁月的流逝而变得衰老和难看的。我非常感谢大王的好

士大夫 旧时指官吏或较有声望、地位的知识分子。是通过竞争性考试选拔官吏而形成的一个特殊的士大夫阶层，即专门为做官而读书考试的知识分子阶层。士大夫是古代社会特有的产物，出现于战国时期，在古代历史上形成一个特殊的集团。

意，但却万万不能从命！”说罢，俯身下拜不起。

齐景公见状，也只好作罢。

“贫贱不能移，富贵不能淫，威武不能屈”，是我国传统士大夫孜孜追求的最高道德境界，晏婴做到了。

一个厉行节俭的官员，一般来讲也是一个治国有方的人。晏婴就是这样的人。由于他政绩突出，齐景公决定把齐国的平阴和棠邑两地赐给他。

这两个地方相当富足，尤其是棠邑，当时有好多人想得到它，可晏婴却不肯接受。他态度诚恳地对齐景公说：“国君，我不敢接受您的恩赐。我认为当官的，首先应为君主和国家着想。现在百姓的生活贫困不堪，他们已经对朝廷有了怨恨情绪，我们为臣的不顾及这些，还在拼命地追求自己的享受，这会使百姓更加无法忍受，对王室的怨恨也会加深的。”

齐景公听晏婴的话句句在理，态度又十分诚恳，也就没有再坚持。

晏婴虽然身为齐国辅相，却大力倡导俭朴节约，并且身体力行，为齐国的官吏在厉行廉洁、反对奢侈浪费方面做出了榜样。

阅读链接

有一次，齐景公问晏婴：“治理国家应该防范什么？”

晏子回答说：“要防备社鼠。”

齐景公问：“这是什么意思？”

晏婴回答说：“社是祭土地神的庙，里面有编好的木栅，上面抹泥巴修起来的，老鼠常常栖息其中，用火熏它怕烧了木栅，用水灌它怕泡掉涂泥。这就是社鼠。对于一个国家来说也有‘社鼠’。他们对内蒙蔽君王，让他不分好坏；对外倚仗权势、欺压百姓。不除掉他们就会造成乱政。”

齐景公听了，点头称是。

西门豹除恶俗兴水利

在先秦时期的廉吏中，西门豹是个地位相对低下的地方官员，但他的为政举措，别出心裁，政绩显著，完全可以和季文子、孙叔敖、晏婴等人的勤俭廉政精神相媲美。

西门豹，战国时期魏国人，故里在今山西运城盐湖区安邑一带。

西门豹半身像

他是魏文侯时期著名的政治家、水利家，为治理邺县立下赫赫功勋，使之成为当时魏国的东北重镇。

公元前445年，魏文侯作为魏国的第一代君主登位。此时的魏国，已初步建立了君主集权的国家制度。但魏国的旧势力仍然相当猖獗，疆土纷争依然经常发生。

魏国的邺县靠近漳河，毗邻赵国，是军事战略要地。但漳河连年泛滥，两岸百姓深受其害，以致邺县非但不能起到外御强敌的作用，反而成为魏国的肘腋之患。因此，魏文侯总想委派一名得力的官吏去管理邺地。

西门豹因其胆识超群，明达干练，并积极参与李悝的政治改革运动而深得魏文侯的信任。于是在大臣翟璜等的推荐下，魏文侯决定任命西门豹为邺令。

魏文侯画像

赴任前夕，西门豹深知自己此次身肩重负，又知道自己平时脾气比较急躁，易动肝火，特地找了一根柔软而富有韧性的熟皮带佩在腰间，时时提醒自己欲速则不达，遇事应缓而静思，克服性子急躁的毛病。从此，一位举止稳健、精力充沛的地方官吏出现在漳河两岸。

西门豹身着便服，不露声色地来到邺地民间，召集当地一些乡邑老者，问他们有关老百姓痛苦的事情。原来，在当地民间流行着一种古老的恶俗：每年为河伯娶妇，将年轻貌美的女子活活淹死，结果不仅不能避灾息祸，反而造成城中空无人迹的景象。

不屈服于旧习惯势力的西门豹来了个将计就计。以惊人的胆识和谋略，用“以其人之道，还治其人之

李悝（前455年—前395年），战国初期魏国著名政治家、法学家。曾任魏文侯相，主持变法。李悝变法是变法之始，引发了古代历史上第一次轰轰烈烈的全国性变法，为奴隶制向封建制的过渡铺平了道路。后来的商鞅变法、吴起变法等，无不受到李悝变法的影响。

魏国时期农业画像砖

身”的计策，揭穿了“为河伯娶妇”的鬼把戏，智惩巫婆和三老。同时又用事实教育百姓移风易俗，改造自然，从根本上制止了三患之中的人为之害。

从此以后，在邺地没人再敢提为河伯娶妇的事，也没有人再相信为河伯娶妇就能消灾了。

西门豹深刻认识到，倘若只治人为之害，而水患不除，邺县的面貌则不能彻底改观。因此，西门豹毅然决定率领民众开渠筑堤，引漳灌田。

邺地位于太行山东部的冲积平原，自西向东流经邺地汇入黄河的漳河，一到雨季就会因泄洪不畅，水位暴涨，经常泛滥成灾，造成田园冲毁、人畜死亡的惨痛景象。

如何治理这条多灾多难的漳河，变祸水为福水，成为西门豹破除“为河伯娶妇”的迷信恶俗之后要做的又一件大事，事关百姓幸福和农业生产的发展。

西门豹先后多次请当时的一批能工巧匠出谋划策，然后又身先士卒，带领大家溯流而上，饮风沙、蹬泥泞、观地势、察水脉，披星戴月，备尝艰辛。在

三老 是古代掌教化的乡官。战国时期魏国有三老。通常作为一种职务的名称，即具备正直、刚毅、柔克3种德行的长者。推举这种长者来担任。一般来说权利、任务类似族长之类，只是族长的对象是一个宗族，三老往往是地域性质。

那些长途跋涉的日子里，他常常是渴饮沟渠水，饥餐农家粥，身体力行，事必躬亲。

西门豹徒步勘察了漳河两岸的村村户户，殚精竭虑、呕心沥血，一幅治理漳河的宏图，也渐渐地成竹在胸了：沿漳河开挖12条水渠，引流分洪，蓄水灌溉。

在生产力还十分落后的战国初期，要想同时开挖12条水渠，其工程之艰巨是可想而知的。一时百姓心存疑虑，以至于怨声四起。西门豹又走村串户，谆谆诱导，反复强调开渠的利与弊，他坚信，现在挖渠引水，父老乡亲会因此受些苦难，但料定他们将来一定会明白的。

由于西门豹总是晓之以理动之以情，不厌其烦地向人们解释，终于他的治水宏愿得到了越来越多的百姓的理解和支持，甚至出现了父母送子、妻子送夫上工地的感人情景。

在西门豹的率领下，一支浩浩荡荡的治水大军，在漳河两岸安营扎寨。顷刻间，彩旗猎猎，车水马龙，治水工地上呈现出一派热火朝天的劳动景象。

邺城遗址

漳河水渠

西门豹治水如治军，纪律严明，秋毫无犯，有功必赏，违法必究。他自己更是身先士卒，从不擅离工地，日夜辛劳在治水的第一线。即使到了夜深人静的时候，他还要打着火把到施工现场巡视，查看工程质量，若发现问题，便及时下令更改。

寒来暑往，斗转星移。在西门豹亲自督促下，邺地百姓经过数载埋头苦干，12条大水渠终于修成了。每条水渠不仅有调节水量的水门，而且还分别筑坝多处，便于日常取水。为了不妨碍交通，每条水渠上建起了桥梁。

治理好了漳河，农田得以旱涝保收，邺地产粮高于当时魏国的其他地区，逐渐富庶起来。百姓生活逐渐得到了改善，原先的穷乡僻壤开始呈现出一派兴旺景象，逃亡他乡的贫民也纷纷重返故土。

可以说，“漳河十二渠”既是古代劳动人民集体智慧的结晶，更是凝结着邺令西门豹的心血。

“漳河十二渠”是春秋战国时期最著名的四大水利灌溉工程之一，也是黄河流域出现较早的灌溉工程，对后世治理水患、应用水利起到了积极作用。据史书记载，西门豹的引漳灌渠，直至汉代还在发挥利民效益。

西门豹除了治理漳河外，为官也十分清正廉明，而且执法严明。在当时，西门豹由于治漳河时有人反对，而且总有些法令会得罪一些权贵，自然更遭人嫉恨，也不断有人在魏文侯面前说他的坏话，巴不得魏文侯将西门豹革职罢官。为了查明事实真相，魏文侯决定亲自到邺地视察。

魏文侯到了邺地，看到沟渠交错，庄稼茂盛，但察看粮仓和府库时，果然如人所告：粮仓里不见颗粒粮食，府库里不见丝毫钱财，兵库里不见一矛一盾，衙门里也不见有人审理公务。

于是魏文侯责问西门豹："当初翟璜推荐你任邺令，总希望你能有所作为，想不到你把邺地治理得这么乱，你若能说明其中原委倒也罢了，否则削官问斩！"

西门豹不慌不忙地答道："臣听说有作为的国君富民，图强霸的国君富武，只有亡国的国君才富府。我以为大王现在是想做一个富国强兵的君主，所以我实行蓄积于民的措施。这样说大王也许不信，请允许我登上城楼，擂响战鼓，大王所要的甲兵粟米可立即备好。"

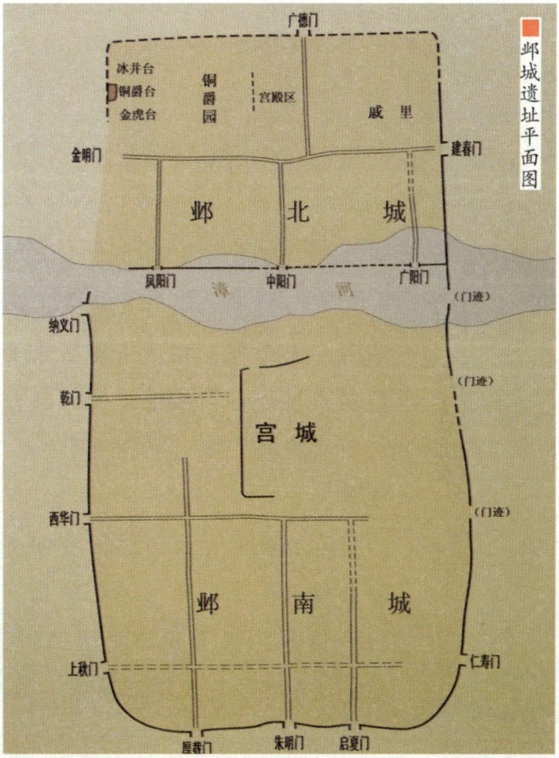

邺城遗址平面图

魏文侯听了半信半疑，便由西门豹陪同登上了城楼。

当西门豹擂完第一通鼓时，只见邺城军民个个顶盔贯甲，挽弓荷箭，披挂而列。当第二通鼓声擂罢，一支有牛车装载、百姓肩挑背负的运粮大军已立即赶到城楼脚下。

魏文侯看了惊喜不已，对西门豹说："我现在明白了，请下令收兵吧！"

西门豹便摇了摇头，摆手道：“不行，我与老百姓之间有约法规定，讲究信誉，绝非一日之功。现在既然已擂动出征的战鼓，却又接着下令收兵，今后邺地的军民就不会听命于我了。”

说到这里，西门豹斩钉截铁地向魏文侯请战：“燕国经常侵扰魏国八城，臣请北击，收复失地。”

魏文侯同意了西门豹的请战要求。于是，西门豹带领将士北上击燕国，很快收复了被燕国侵占的土地。邺地也从此成为保卫魏国边境的一道坚固屏障。

总的来说，西门豹作为一个地方官吏，能够以大无畏的精神，智破迷信除恶习，带领百姓兴修水利，发展农业生产，巩固社会基础，确实值得后人景仰，人们都把他看作是春秋战国时期的一位不可多得的地方清官。

阅读链接

西门豹为治理邺县建立了历史性功勋，深受人民爱戴，人们为了纪念他，在河南安阳市安阳县安丰乡北丰村修建了西门豹祠，属于古邺城遗址的一部分。西门豹祠堂，历史上曾称为“西门豹祠”“西门大夫庙”“邺二大夫祠”等，今俗称“西门豹庙”。

为了表示对西门豹的敬仰，后世的人们还修祠在河北省临漳县建有邺令公园。公园的正门，按照汉代阙的风格建设，大门两侧是临漳古代历史上“铜雀飞云”“百阳荷凤”等八景墙，还配建了许多辅助设施。

为民兴利

古代廉政的思想观念，是伴随着公权的产生而产生的，但其相对固定和系统化，则是在秦汉统一王朝建立之后。

中华民族之所以能在秦汉之际，社会变革的情况下和各种困难的环境中继续发展和壮大，是和人们当时推崇廉政、为民兴利分不开的。

在统一政权的环境中，那些清官廉臣如萧何、黄霸、召信臣、诸葛亮等，他们继承和发扬了先秦时期的“公仆意识”，使之在新的历史条件下被固定下来，成为了中华民族共同的价值取向，也是中国人共有的美德。

萧何为官居安思危

汉代初期管理者吸取秦代灭亡教训，居安思危，采取了与民休息的政策，轻徭薄赋，奖励农耕，以巩固新生政权。这一基本国策，不仅使先秦时期的“公仆意识”有了新的内涵，也促使了西汉初年第一个有忧患意识的清廉官吏的出现，他就是萧何。

萧何画像

萧何，早年任秦沛县狱吏，秦代末期辅佐刘邦起义，后任刘邦的丞相，位列众卿之首。

萧何对刘邦战胜项羽，建立汉王朝起了重要作用。但在无上的尊崇面前，他没有居功自傲，因为他一直相信“祸福相依”。而后来的历史，也证明了他的处世态度的正确性。

那是在刘邦登上帝位后不久，刘邦对跟随自己打天下的人论功行赏。

刘邦认为萧何功劳最大，封他为鄼侯，食邑最多，被称为“开国第一侯”。

萧何身居要职，依然殚精竭虑，继续对刘邦的大汉王朝的稳定和兴盛勤勉工作。在行赏分封诸侯后，定都的问题又迫在眉睫。起初打算定都洛阳，后来考虑到关中的险要形势，决定定都咸阳，刘邦暂居栎阳。于是命丞相萧何营建咸阳。

刘邦、萧何、韩信雕塑

萧何在营建咸阳时，完成了“两宫一库一仓两阁”的工程建设。两宫指长乐宫，未央宫；一库指武库；一仓指太仓；两阁指大禄阁与石渠阁。

长乐宫是汉代开国时朝廷所在地，未央宫是君臣朝会的地方。武库用于藏兵器，其用意非常明确。太仓是国家的贮备粮库，关系着千百万人的生命。天禄阁是藏典籍之所，石渠阁是藏国家档案的地方，相当重要。两阁作为国家档案馆和国家图书馆的建立，对保护文献资源，发扬传统文化做出了重大的贡献。

公元前199年，皇宫竣工，萧何奏请刘邦从栎阳迁都咸阳。刘邦指着未央宫的四周，对萧何道：“此处可以添筑城垣，作为京邑，就叫长安吧！”从此，咸阳便更名为长安了。西汉定都于长安，历时200余年，萧何成为该城的最早的规划者和设计者。

丞相 也称宰相，是我国古代最高行政长官的通称。古代皇帝的股肱，典领百官，辅佐皇帝治理国政，无所不统。丞相制度，起源于战国。秦朝自秦武王开始，设左丞相、右丞相，但有时也设相邦。汉惠帝刘盈至汉文帝刘恒初年，设左、右丞相，以后就只设一位丞相。

■ 萧何月下追韩信

建都关中，经营长安，是萧何在汉王朝正式建立之初做出的第一业绩，它起到了稳定汉政权的重大作用。此后，萧何转入了制定律法、健全制度和“无为而治”的全面建设汉王朝的工作之中。

公元前195年秋，黥布起兵反叛，刘邦御驾亲征。萧何因为多有功劳，刘邦曾经对他恩宠有加。但刘邦身在军中，对萧何有些不放心，就多次遣使者问相国萧何在做什么。

萧何的身边有一名都尉率领500名兵士做护卫，因为他圣眷日隆，众宾客纷纷道贺，喜气盈庭。萧何也非常高兴。

这天，萧何在府中摆酒席庆贺，喜气洋洋。突然有一个名叫召平的门客，却身着素衣白履，昂然进来吊丧。萧何见状大怒道：“你喝醉了吗？”

这位名叫召平的人，原是秦王朝的东陵侯。秦国灭亡后隐居家中种瓜，味极甘美，时人称之东陵

关中 又称“关中平原”“渭河平原”，地处陕西省中部。西起宝鸡大散关，东至渭南潼关，南接秦岭，北至陕北黄土高原。东西长300千米，平均海拔约500米，号称“八百里秦川”。这里自古灌溉发达，盛产小麦、棉花等，是我国重要的商品粮产区。

瓜。萧何入关，闻知贤名，招至幕下，每有行事，便找他计议，获益匪浅。今天，他见萧何仍未领会他的意思，便说：“您不要再这样喜乐了，否则后患无穷！”

萧何不解，问道：“我进位丞相，是皇帝对我的宠眷，而且我遇事小心谨慎，不敢稍有疏虞，君何出此言？”

召平说道：“主上现在南征北伐，亲冒矢石。而您安居都中，不与战阵，反得加封食邑，我揣度主上之意，恐在怀疑您。您不见淮阴侯韩信的下场吗？”

萧何一听，猛然惊出一身冷汗。

召平接着说：“您位极人臣，富贵之至，百姓们都亲附您。皇上之所以屡次派人来问您的情况，是怕您利用自己的威望图谋不轨。如今您何不买些民间田宅，败坏一下自己的名声，这样皇上对您就放心了。”

萧何恍然大悟，马上先是强买民间田宅，自污名节，然后低价卖了自己的封邑，并拿出许多家财，拨入国库，作为军需。

刘邦身在前方，每次萧何派人输送军粮到前方时，刘邦都要问：“萧相国在长安做什么？”

萧何塑像

■萧何塑像

使者回答，萧相国爱民如子，除办军需以外，无非是做些安抚、体恤百姓的事。

刘邦凯旋时，百姓们拦路上书，控告相国贱买、强买民间田宅，价值数千万之多。

刘邦回到宫中，萧何去拜见，刘邦笑着说："当相国的竟然侵夺百姓的财产，为自己谋利啊！"然后把控告信全部交给他，说，"你自己去向百姓谢罪吧！"

萧何觉得对不起百姓，乘机请求说："长安一带地方狭窄，而上林苑中空地很多白白荒废，希望您下令让百姓进去耕种，他们收了庄稼，留下禾秸作为苑中禽兽的食料。"

刘邦一听大怒，说："你一定收了很多商人的财物，替他们来算计我的上林苑！"下令把萧何交给廷尉法办，还给他上了刑具。

过了几天，刘邦手下一个姓王的卫尉问刘邦："相国犯了什么大罪，陛下怎么突然把他关起来了？"

刘邦说："我听说李斯做秦始皇的宰相时，办了好事都归功于君主，有了过失则自己承担。现在相国却收了商人们许多财物，替他们求取我的上林苑，想以此讨好百姓，所以把他关起来治罪。"

王卫尉说："在自己职责范围内，事情只要有利于民，就为他们向君主请求，这真是宰相应做的事，

上林苑 始建于秦始皇时期。秦代上林苑的故地，应在今户县城西渼陂向东至西安三桥阿房宫遗址一带；而今咸阳渭河以南的广大地域，正处于秦上林苑的中心地区。西汉时期上林苑是汉武帝刘彻在秦代旧苑上扩建而成的。在刘邦平定了黥布叛乱回到长安后，萧何提议把上林苑开放，让百姓去耕种。

陛下怎么怀疑相国是接受了商人的贿赂呢？况且，当初陛下在外征战多年，那时相国留守关中，如存异心，只要稍有举动，函谷关以西就不属陛下所有了。

“相国不在那时为自己谋利，现在难道会贪图商人的金钱吗？再说秦始皇就是因为不知己过而失天下，李斯为主担过的做法，又有什么值得效法的呢？陛下怎能如此浅见地怀疑相国。”

刘邦听了，心中虽不愉快，但还是当天就遣使赦免了萧何。

萧何当时已是60多岁的老人了，见刘邦开恩释放了自己，更是诚惶诚恐，谨慎恭敬。虽然因为全身带上刑具，害得他手足麻木，连路都快走不动了，而且蓬头赤足，污秽不堪，但立即回府沐浴，然后上朝谢拜天子之恩。

刘邦见萧何如此狼狈，也觉得有些过意不去，便

卫尉 始于秦代，为九卿之一，汉代沿袭，为统率卫士守卫宫禁之官。西汉时期护卫宫殿者有郎卫和兵卫。光禄勋率郎官为郎卫，卫尉率卫士为兵卫。西汉时期卫尉所部称“南军”。宫内设庐舍以驻扎卫士，卫士昼夜巡警，检察门籍。卫尉主宫门和宫内，与主宫外的中尉相为表里。

张良、萧何、韩信雕塑

安抚萧何道："相国不必多礼。这次的事，原是相国为民请愿，我不允许。我不过是夏桀、商纣那样的无道天子罢了，而你却是个贤德的丞相。我之所以关押相国，就是要让百姓知道你的贤能和我的过失啊！"

刘邦的这段话虽然言不由衷，但对萧何的廉政为民，终于还是默认了。从此以后，萧何对刘邦更是诚惶诚恐，恭谨有加了。刘邦也照例以礼相待。

萧何虽然常驻富贵乡里，内心却一直有种忧虑，不只对生前，也对身后。他初封侯时，食邑8000户，后来又加封了2000户，而他的父子兄弟共10余人全都有食邑。这样的待遇算得上是全国的首富了，但他依然勤俭持家。

《史记》记载：萧何购置土地房屋，必定选择穷乡僻壤的地方，营造宅第也从来不修建围墙。

萧何曾经说过这样的话："后世贤，师吾俭；不贤，毋为势家所夺。"意思是说：后代子孙如果贤德，可以从中学我的俭朴；如果不贤无能，这种房屋也不会被有势力的人家所侵夺。

萧何的这种思想，比那些贪心不足、欲为子孙谋百世计的官吏，其实高明多了。而他身居要职，不居功自傲，能够居安思危，做人做官克勤克俭的精神，更是很值得发扬光大。

阅读链接

在汉高祖刘邦六年前211年的时候，分封功臣时萧何被封为酂侯，列群臣之首。萧何去世后，汉惠帝刘盈念其功勋卓著，谥为"文终侯"。当时依照"立长不立幼；立嫡不立庶"的原则继承爵位，萧何的酂侯理应由其嫡长子继承，而且可以代代相传。

这是因为在汉高祖刘邦封侯时，曾与列侯们约定，世代相传。还特意制作了证明书，就是在一块称为"符"的东西上刻上字，上刻皇帝封侯，"世世勿绝"。再把"符"一分为二，君臣各持一半，以作凭证。

黄霸为政外宽内明

汉代初期推行教化治国，因而教化大行其道。在以教化为己任的官员中，黄霸可算是一位佼佼者。

黄霸，是西汉时期著名大臣。他性情温良懂得谦让，为政外宽内明，力劝耕桑，推行教化，治为当时第一。

黄霸自幼学习法律之学，有大志，喜欢做官，年轻时就成为乡里豪杰。汉武帝末年，他因纳钱以待诏的身份被赏官职，管理郡国钱粮的出入之数。后因为官廉正，又精明能干，足智多谋，富有领导才能，升任河南郡太守丞，成为辅助郡守县令的主要官吏。

黄霸画像

黄霸善于观察，思维敏捷，又通晓法律，温和善良又能谦让，足智多谋，善于驾驭众人。他担任太守丞时，处事及议论都符合法律，适合人

汉宣帝画像

心，太守非常信任他，吏民都爱戴尊敬他。

汉宣帝即位时，听说黄霸执法公平，便征召黄霸担任廷尉正，多次决断疑难官司，众廷尉都称赞黄霸公平。不久，又下诏以德行最优命其担任颍川太守。

在当时，颍川郡管辖20个县，有好几个县的居民聚集，围攻县府，郡太守逃往京城向汉宣帝求救，要求派武将镇压“刁民”。黄霸就是在这种情况下走马上任的。

黄霸不坐轿，不骑马，不鸣锣开道，而是微服私访，骑着骡子带一个管家进入了颍川地界。一路上，他看到逃荒要饭的百姓一拨又一拨，就和这些百姓聊起来，问他们为何要背井离乡。

逃荒者说他们的土地被豪强恶霸掠夺去了，无田可种，不逃荒就得饿死。黄霸问为何不去县衙告状，逃荒者哭诉：进衙门告状，未开口先挨打，谁还敢去啊！

黄霸明白了，不是颍川“刁民”难弄，而是豪强恶霸作祟。于是他向汉宣帝写了一份奏章，火速发往京城，恳请皇上恩准在颍川开仓放粮，把颍川郡几万流亡农民安置好，这样皇上的新政新法令就能在颍川实行，颍川的“刁民”也就治理好了。

汉宣帝答应了这个合情合理的要求。所以，黄霸到颍川第一件事就是出安民告示，教化百姓，学习法令。并还派人到邻县和官道上贴告示，号召流亡农民回乡，凡回家开荒种田者发放粮食，发放种子，免税免劳役。

为了赢得百姓的信任，黄霸带头脱掉官服官靴，下地拉犁耕地。他的做法一传十，十传百，外出逃荒的流亡农民纷纷回来了。

为了让流亡农民安心，不再外逃，黄霸责令各县县令安置逃荒者，违者重罚，不听者革职，到各县暗自察访，检查督促。

他训令各县：

流亡农民不想造反，也不想背井离乡去逃荒。各县应该明白，这些逃荒流亡农民既是劳动力，又是社会不稳定的因素，把这些流亡农民安置好了，也是你们尽心尽职的政绩了。

黄霸到颍川上任，不光安抚平民百姓，还着力对官员进行教化，让他们心服口服。他把颍川郡20多个县令叫到大堂来，让他们一个个背诵汉宣帝的新政新法令“六条问事”，会背诵的就放走，不会背诵的留下来读。他说连皇上的新政新法都不懂，如何去治理百姓？这一

黄霸教化官员

汉代人劳动壁画砖

招比打20板子还疼。

有一个县令读“六条问事”读得浑身发抖跪在地上，磕头如捣蒜地说：“大人，我认罪，我错了，请大人赏我一个全尸。”因为他的所作所为与“六条问事”条条沾上了边，如按法惩办，必死无疑。

黄霸认为，考察的目的应在防患于未然，而不是事发后的追究与处理。所以，那个县令和其他20多个县令个个心悦诚服。

所谓“六条问事”是考察地方官员的标准，内容包括不许“田宅逾制”“背公向私”“侵渔百姓”“聚签货赂”等。黄霸到任后将这“六条问事”法令在大街小巷到处张贴，大张旗鼓地宣传，老百姓个个知道了，人人感恩皇上，让官吏自觉遵守。

为了培养和稳定官员，黄霸大力推行教化，让他们在职位上长期工作，并尽职尽责，从不轻易替代，以避免损伤长吏。

有一个姓许的县丞，年老体衰，患有耳病，督邮将此事告诉太守黄霸，并建议赶走他。

黄霸说：“许县丞是廉洁的官吏，虽然年纪老，还能做接待迎送的工作，只是稍微耳聋，有什么妨碍呢？姑且好好帮助他，不要伤了贤者的心啊！”

有人问这么做的缘故，黄霸认为，频繁地更换长吏，送别旧人和迎接新人的费用，以及有的奸诈官吏在交接之际藏匿簿书，盗窃公家的财务，致使耗费非常大，而这些耗费都是从百姓那里取得的。况且所更换的新官吏又不一定贤良，有的还不如旧官吏，只是相互增加制造乱子。

他说："大凡治理之道，不能太过苛求。"因此，坚持以教化的方式对待职官。

黄霸安抚了平民百姓，教化了官员，待经济上打下了一定基础后，又开始打击豪强地主、恶霸、地痞。凡证据确凿，便狠狠地打击，让他们补足拖欠朝廷的税款，返还强占百姓的土地、粮食、牲畜、房屋。

当然，黄霸也不忘教化他们，给他们出路，让其全家老小开荒种田，自食其力。其他豪强地主害怕了，便老老实实上缴税收，偷偷地返还强占来的土地，黄霸也就不再追究。

黄霸又鼓励农民种树、养猪、养鸡鸭、养蚕桑，并下令禁止用粮食喂马，把汉宣帝的休养生息政策逐一贯彻，使百姓安居乐业而感恩皇上。

这一方法也使那些顽固不化的豪强地主不敢轻举妄动，因为他们害怕戴上反抗朝廷的罪名。

黄霸颍川大刀阔斧、布施恩德，经过几年的精心治理，颍川出现

汉代牧畜画像砖

了“田者让畔、道不拾遗”的太平景象，实现了汉宣帝倡导的国家安治。而黄霸也因为他的外表宽厚而内心清明，得到了官吏和百姓的爱戴。

汉宣帝认为黄霸是良吏中政绩保存时间最长的优秀者，于是下诏称赞他：

颍川太守黄霸，宣布诏令，百姓向往教化，子孝、弟悌、妇贞、孙顺一天比一天增多，耕作者相让于田界，道不拾遗，看顾鳏寡之人，供养贫穷之人，有的监狱八年没有犯大罪的囚犯，吏民向往教化，品行道义兴起，可称得上是贤人君子了。

汉宣帝认为黄霸贤能，封爵关内侯，赐黄金100斤，俸禄2000石。黄霸却把100斤黄金捐献给颍川郡治理河道，自己分文不留。此后不久，汉宣帝征召黄霸担任太子太傅，后迁升为御史大夫。

黄霸的才能在于擅长管理百姓，东汉史学家班固评论说：“自从汉朝建立以来，要讲治理百姓的官吏还是数黄霸第一。”

阅读链接

黄霸在做颍川太守时，曾经派过一位属吏深入到民间了解当地的民情。属吏出去后不敢在驿站停留，在道旁进食时，乌鸦抓走了他要吃的肉。这情形恰巧被想到太守府上讲述事情的人看到了。

属吏回来后拜见黄霸，黄霸欢迎并慰劳他说：“你非常辛苦！在路旁进食却被乌鸦把肉叼走。”

属吏大惊，认为黄霸全部知道他的行踪，因而对太守所问的极小的事情都不敢隐瞒。

黄霸了解事情的聪明到了这种程度，官吏百姓都不知道他用的是什么办法，全称赞他神通英明。

召信臣一心为民兴利

西汉时期由于实行与民休息的基本国策，因此能否为百姓谋福利，被认为是判定一个官员是否合格的重要标志之一。召信臣继承勤俭廉政传统，为官励精图治，为民兴利，堪称一个合格的父母官，赢

汉代车马雕塑

■婚宴壁画

得了时人和后世的赞誉。

召信臣，因明经甲科出身任职郎中，补授谷阳长。后因官吏的考绩优等，升迁为上蔡长。他为官视民如子，所到之处都为民众称颂。后越级提拔为零陵太守，又因才调任南阳太守。

召信臣任南阳太守时，正是西汉王朝由极盛开始衰败的时期。南阳与其他地方一样，旧的风俗盛行，腐败的社会风气使南阳社会秩序混乱，盗贼横行，百姓苦不堪言。

在当时，南阳民间遇到红白喜事都要大操大办，破费巨大，弄得百姓叫苦不迭。许多人家因嫁女娶媳生老病终而花费大量钱财，从而数年不得翻身。有的只图一时好看而忍痛借高利贷，最终家庭破败。

召信臣深知陋俗的危害，下决心改变这股恶习。他一面大力倡导勤俭节约、量力而行，一面下令禁止婚丧嫁娶时铺张浪费。从此以后，南阳风俗大变。

郎中 分掌各司事务，其职位仅次于尚书、侍郎、丞相的高级官员。郎中本是官名，即帝王侍从官的通称。其职责原为护卫、随时建议，顾问及差遣。秦汉时期治置。后世遂以侍郎、郎中、员外郎为各部要职。另外，郎中作为医生的称呼始自宋代。

南阳地区地主势力很大，攀比之风更盛，豪富们与府县官吏、游手好闲的纨绔子弟相互勾结，依仗权势，推波助澜，鱼肉乡里。

召信臣对南阳的地主势力非常反感，曾对他们多有规劝，晓以利害，并根据实际情况采取不同的处置办法。对游手好闲的责令痛改前非，对已经当官的罢黜不用，对违法乱纪的则绳之以法，严厉打击了地方恶势力。一时间，南阳社会安定，盗贼狱讼之事罕见，郡中之人莫不努力耕稼农田。

召信臣为人勤奋努力，有办法有谋略，喜欢替老百姓兴办有益的事，一心要使他们富足。他亲自鼓励百姓从事农业生产，在田间小路出入，停留和住宿都不在乡里的亭台馆舍中，很少有安闲地休息的时候。

他巡视郡中的水流泉源，开通沟渠，修筑水闸和防水的堤坝总共几十处。先后修成六门堰、钳卢陂等著名水利工程，溉田多至20万公顷，南阳遂成为与关中郑国渠、成都都江堰齐名的全国三大灌区。百姓得

钳卢陂 古代水利工程。在今河南省邓县东南。西汉元帝时南阳太守召信臣主持下所筑。东汉光武帝时杜诗为南阳太守，征集民工，夏加疏浚，大为民便。后代屡有兴废。

郡 古代行政区域，始见于战国时期。我国秦代以前郡比县小，从秦代起郡比县大。汉又增四十六郡，二十一国，凡郡国一百有三。隋朝废郡制，以县直隶于州。唐置道、州、县，武则天时曾改州为郡，旋复之。明清称府。

古人治水画

■ 纪念召信臣而建南阳府衙内室

到了水利工程带来的好处，有了多余的粮食来贮藏。

他为百姓制定了均衡分配水源的规定，刻在石碑上竖立在田边，以防止争斗。

府县官吏家中子弟喜欢闲游，不把耕田劳作当重要的事看待，他就斥责罢免他们，严重的还要追究他们，用行为不法的罪名处治他们，用这种做法显示他崇尚劳动厌弃懒惰。

召信臣管治的地方教化得以广泛推行，郡中的人没有谁不尽力从事农业生产，百姓归依他，住户人口成倍增长，盗贼和诉讼案件减少以至于停息。

召信臣千方百计除奢靡之风，倡导勤劳节俭，深受百姓欢迎，百姓都称他为“召父”。为纪念这位“召父”，南阳吏民为他立祠造庙，世世祭祀不绝。

当时南阳郡归属荆州刺史部，荆州刺史曾经上报召信臣替百姓做好事，他管辖的郡因此充实富足。皇

少府 古代官名，始于战国时期。秦汉时期相沿，为九卿之一。掌山海地泽收入和皇室手工业制造，为皇帝的私府。西汉时诸侯王也设有少府，郡守也设有少府。东汉时期仍为九卿之一，掌管宫中的御衣、宝货、珍膳等。

帝赏赐召信臣黄金40斤，又迁召信臣为河南太守。召信臣一如既往，治行考核常常都是第一等。

汉元帝最后一年，召信臣升任少府。他坚持勤俭治国节约开支。任职不久，奏请压缩土木工程，一些皇帝很少光顾的宫馆，停止修葺和铺张陈设。又奏请取消由宦官组成的皇家乐队，提议将供给宫馆卫队的物品削减一半。这样，在一定程度上限制了腐化风气的发展。

召信臣任少府以前，太官园中就已经种植冬天生长的葱、韭等蔬菜。这些植物种在暖房中，白天夜晚都要燃烧没有光焰的火，植物也要等达到一定的温度时才能生长。这样的温室耗资可想而知。

召信臣任少府后，认为这些设施劳民伤财，应该取消。于是，他提出这些都是不合季节的东西，对人体有害，不适合用来供奉给皇上，就奏请皇帝免除这一切。仅这一项，每年节约开支数千万钱。

《汉书》中，两次将召信臣列为西汉“治民”的名臣之一，可见在当时召信臣也已声名卓著。后世人认为，召信臣对南阳的贡献，足以和修都江堰的李冰对四川、开“漳河十二渠”的西门豹对邺县的贡献相媲美。

阅读链接

公元4年，汉平帝刘衎下诏书祭祀那些已经去世的对百姓做过好事的百官卿士，为现任官员树立学习的榜样。召信臣的老家是九江寿春，故九江推荐了召信臣。虽然这时召信臣已经不在人世，但足以表明他在百姓中的威望还是很高的。

汉平帝将名单公布后，九江郡太守率领官员属吏来到召信臣的墓前，一齐向召信臣行礼，以示对他的怀念，并表示要学习他为民谋利的精神。后来，在召信臣的坟墓前建立祠堂，而召信臣曾经任职的南阳也建造了主祠。

诸葛亮坚持勤俭廉政

诸葛亮故事画

诸葛亮的形象在世人眼中，除了神机妙算的军事才能外，洁身自好，忠君、爱国、为民等这些中华民族优秀的品质，在他身上都能找到许多事例。他一生勤于政事，爱护百姓，廉洁奉公。其精髓就是勤俭廉政，令世人感怀至深。

诸葛亮，三国时期的蜀汉丞相，是杰出的政治家和军事家。青少年时期历经忧患苦难，亲身参加农业劳动，这就使他具有平民的特质。后来登上相位，仍然自称是“东方下士”“一介布衣”，在他身上没有什么特权思想。

诸葛亮十分赞赏春秋时期楚国廉吏孙叔敖的节俭作风，特地发布“教令”，以孙叔敖事迹律己励人，既以身作则，也号召部属向孙叔敖学习，养成节俭之风。

■诸葛亮画像

诸葛亮在平定南中诸郡的叛乱中，为了减轻人民的负担，节约朝廷的开支，他两天只吃一天的饭，“深入不毛，并日而食”，其艰苦程度可想而知。诸葛亮从不贪污受贿，这是古今所公认的。

他的家里没有存款，妻子黄氏连像样的换洗衣服也没有，其清贫可见一斑。

诸葛亮在《自表后主》一文中曾经自报家产说道：

> 今成都有桑八百株，薄田十五顷，子弟衣食，自有余饶。至于臣在外任，无别调度，随身衣食，悉仰于官，不别治生，以长尺寸。若臣死之日，不使内有余帛，外有盈财，以负陛下。

这是诸葛亮的一份家庭财产申报单。

“桑八百株，薄田十五顷”，按照汉代和三国时期的官俸制度，15顷薄地，这在当时地广人稀的四川，实在不算多；“子弟衣食，自有余饶”，当指诸

南中 南中地区包括蜀汉南部的益州，即今云南省晋宁县东；永昌，即今云南省保山市；牂柯，即今贵州省福泉县；越嶲，即今四川省西昌市。东南四郡，是叟、青羌、僚、濮等夷越少数民族与汉族杂居的地方。诸葛亮平定南中诸郡时曾经七擒七纵孟获，使得孟获心悦诚服，归附蜀汉政府。

诸葛亮鞠躬尽瘁

黄氏 即黄阿丑，诸葛亮妻子，名黄月英，又黑又瘦，一头黄发，身形不匀，但黄阿丑能诗善文，博学多识，相夫教子，勤劳持家，成就了诸葛亮“功盖三分国，名成八阵图”的千秋大业。据说诸葛亮发明的运输工具“木牛流马”和能连续发射的强弓“连弩”，就是妻子黄阿丑的教的。

葛亮的家人在妻子黄氏带领下从事种植和蚕桑等农事活动，可保温饱无虞。至于自己的衣食起居，自然靠官俸维持；“不别治生，以长尺寸”，这显然指俸禄之外，没有别的生计，不搞经营，也不依靠别的收入发财致富。

尽管诸葛亮的合法收入在当时本该是很高的，但他“内无余帛，外无盈财”。这是诸葛亮毕生追求和实践的清正廉洁的理想境界。

诸葛亮廉洁自律，在蜀国官吏中起到了积极作用。史载他任用的官员，大多勤于政事，廉洁自律。

例如，大将军录尚书事费祎“家不识财，儿子毕布衣素食，出入无从骑，无异凡人”；名将姜维“据上将之重，外群臣之右”“宅舍弊薄，资财无余”；邓芝生活俭朴，家无私产，连妻子也“不免饥寒”，死时也“家无余财”。

诸葛亮治家也以节俭为宗旨。他在《诫子书》中告诫儿子，“静以修身，俭以养德”，淡泊明志，宁静致远，学以广才，励精治性，珍惜光阴，务求“接世”。严格的家教，使得诸葛一家，上至夫人，下及子孙，满门英烈，世代忠良。

诸葛亮深知，倡行勤俭廉政，如果没有法律制度的严格监督，则贪污渎职，“作奸犯科”之人将难以受到制裁，而廉洁奉公勤恳负责之人，反而会湮没不彰，甚至受到排挤打击。因此，必须厉行法制赏功罚过，以树立严明公正的政风。为此，诸葛亮主张加强教化，实行以法治国。

诸葛亮十分重视教化，注重宣传教化的风气，有悖于法令的话不说，触犯法制的事不做。同时，要求各级执法官吏必须以身作则，然后才能“正己教人”。

《诫子书》是三国时期诸葛亮临终前写给8岁儿子诸葛瞻的一封家书，成为后世历代学子修身立志的名篇。诸葛亮是一位品格高洁、才学渊博的父亲，对儿子的殷殷教诲与无限期望尽在言中。通过这些智慧理性、简练谨严的文字，将普天下为人父者的爱子之情表达得如此深切。

诸葛亮访民雕塑

为了搞好勤俭廉政，诸葛亮对各级官员提出了严格的要求，做“八务、七戒、六恐、五惧，皆有条章，以训厉臣子”。

所谓“八务”，即要求各级官吏在做好本职工作时必须完成的8项任务；至于“七戒”“六恐”“五惧”，显然是对足以引起人们应戒、应恐、应惧的各种情况提出警告，以免违法乱纪。

当教化无效时，诸葛亮就认为必须无党无偏，依法究办，特别坚持“刑不择贵”“诛罚不避亲戚”的原则，通过法制本身的严肃性、公正性，来教育广大臣民。

诸葛亮以“法不阿近”影响军内外。他在一出祁山时，因马谡失掉街亭而挥泪斩之，并写了《街亭自贬疏》。这就是一个鲜明的例子。

诸葛亮的勤俭廉政思想，其主旨是以“安民”为根本，以勤劳任职、廉洁爱民为要务，以法令为制衡，从而达到民富国强的目的。

诸葛亮病危时，要求把他的遗体安葬在汉中定军山，丧葬力求节俭，依山造坟。他在遗嘱中说：“冢足容棺，殓以时服，不须器物。”意思是墓穴切不可求大，只要能容纳下一口棺木即可；入殓时，只穿平时便服，不放任何陪葬品。

这简短的3句话，是诸葛亮廉洁自律、高风亮节的具体体现，其至

诸葛亮挥泪斩马谡

诸葛亮排兵

真至诚，惊世骇俗，感人寰，泣鬼神，成为千古之典范。

诸葛亮的智慧、作为、人品、治国方略、理民之干和军事才华，构成了那个时代伟人的真身。他以实际行动验证了自己“鞠躬尽瘁，死而后已”的诺言，在当时就受到了敌我友各方的肯定。如他的老对手司马懿曾赞叹说：“天下奇才也！”

诸葛亮勤俭廉政，励精图治，他的风范被当作民族精神而一代一代传承，历朝历代都把诸葛亮作为智慧的化身、精神的楷模。

阅读链接

诸葛亮结交的人中有一位很特别的朋友，名叫黄承彦。他很欣赏诸葛亮的人品和学识，于是就想把自己的丑女儿黄月英嫁给他。诸葛亮听后居然同意了这门婚事。诸葛亮选择一位丑女为妻，不仅在当时被传为美谈，就是到今天也一直为后人津津乐道。

事实上，他们夫妇婚后的生活很幸福。诸葛亮随刘备出山后，一直南征北战，黄月英在家里辛勤操持家务，抚养孩子成长。传说这位女士还绝顶聪明，诸葛亮还在她的帮助下有许多发明呢！

胡质做官追求清廉

胡质画像

胡质，曹魏时期官员。他为人正直善良，执政廉洁清白，为世人所称道。

胡质年轻时就在江淮之间闻名，在州郡任职。后来被举荐给曹操，曹操于是任胡质为河南濮阳顿丘令。后来历任丞相东曹令史，扬州治中。胡质任扬州治中时，将军张辽与其护军武周有矛盾，就请胡质出任幕僚，胡质以病推托。

张辽对胡质说：“我有心任你做官，你为什么辜负我的厚意呢？”

胡质说：“古人相交，看他索取很多，但仍相信不贪；看他临阵脱逃而仍相信他不怯，听说流言而不为所动，这样交情才可以长久啊！武周身为雅洁之士，以前您对他赞不绝口，而今只为一点小事，就酿成矛盾。何况我胡质才能浅薄，怎么能始终得到您的信任呢？因此我不愿意就职。”

张辽很受感动，与武周重归于好。

曹操画像

曹操听说了这件事，认为胡质为人正直善良，就召任他为丞相长史。

黄初年间，胡质转任吏部郎、常山太守，后迁任东莞太守。在东莞期间，他秉公办案，明察暗访，曾使东莞士人卢显被杀一案水落石出，人们交口称赞，说他是个清官。

胡质每得到赏赐，都分给众人，从不收藏家中。在东莞郡任职9年，吏民安居乐业，将士恭敬从命。胡质任荆州刺史时，他的儿子胡威从京都来看望他。由于家境清贫，没有车马和童仆，胡威只得独自赶着毛驴前来探望父亲。

胡质父子在荆州相聚了10余天后，儿子胡威要返

丞相长史 古代官名，丞相是古代中央官制“三公”中的一个重要官职，其地位可称之为“一人之下，万人之上”。丞相的长史就是协助丞相管理文书等事物的高级官吏。秦代为丞相属官，如李斯曾任长史，相当于丞相的秘书长。两汉时期成为将军属官，是幕僚之长。魏晋与两汉时期略同。

■胡威画像

回京都了。临别时胡质拿出一匹细绢，送给儿子以作为归途中的盘缠。

胡威见到这匹细绢，竟然大吃一惊，忙向父亲跪下，不解地问道：“父亲大人，您一向廉洁清白，不知是从哪儿得到这匹细绢？”

胡质深知儿子的心意，高兴而又坦然地笑着对儿子说：“孩子有所不知，这不是赃物贿品，而是我从薪俸中节省下来的，所以用来给你做路上的盘缠。”

胡威听父亲这么一说，才伸手接过细绢，告辞了父亲。胡威独自赶着毛驴踏上了归途。一路上，他每到客栈，都是自己放驴、劈柴煮饭，从不雇用别人。同住客栈的人得知他是荆州刺史胡质之子后，无不惊讶，又无不钦佩。

3天后，一位自称去往京都的人，提出与胡威同行。此人谈笑风生，为人慷慨大方，自和胡威同行之后，百般殷勤地照料着胡威。他不仅处处帮着胡威筹划出主意，有时还请胡威吃喝。

这样一连几天，胡威心中暗暗地纳闷了。心想，此人看来心眼并不坏，但他与我素不相识，为什么对我一见如故，又如此百般殷勤呢？胡威对他的行为产

都督 古代军事长官的一种。都督一名在三国时期开始大量出现，其中有的是偏裨将校，有的则是一军元帅或一个军区的主将。前者被称为“帐下都督”或“部曲督”，后者被称为“持节都督”，影响最大的是后一种。都督在三国时期发展成为地方军事长官，明代成为朝廷军事长官。

生了怀疑。

原来，此人是胡质属下的一个都督，早就有意想巴结讨好胡质，但听说胡质为人正派清廉，最不喜欢溜须拍马的人，所以一直没找到合适的理由和时机。这次，他听说胡质的儿子要独自回京都，自认为是个献殷勤的大好机会，于是他探听得胡威启程的日子，就提前以请假回家为理由，提前做好了准备，暗中带着衣食之物，在百里外的地方等着胡威，以便同他结伴而行。所以，他等到胡威后，才有这一番表现。

胡威在多次与那人悄悄的谈心中，终于得知了真情。于是，胡威立即从自己的行包中取出了父亲送给他的那匹细绢，递给这位都督，以此偿还他一路花销的费用和情意。这位都督拒绝不收。

胡威说："我父亲的为人，你应该是知道的。他为人正直，执政廉洁，从不接受别人馈赠，我做儿子的如果仗着他的权势占别人的便宜，就等于在这匹白绢上面泼上了污水，岂不大错特错了吗？"

那都督看到胡威态度如此坚决，只好十分尴尬地拿着那匹白绢和胡威道别了。后来有人把这件事详细地告诉了胡质，胡质责打都督100

古画探亲图

杖，除去了他的吏名。

胡质后来升迁为征东将军，奉令统督青州、徐州军事。他在任上广开农田积蓄粮谷，有多年的储备，还设置东征台，一边耕作一边守备，又在各郡中修通渠道，以便舟船通行，严加设防以对付敌人来犯。沿海地区因此没有战事。

胡质性情深沉，心中对事情明察秋毫，不以表面现象判断事物，能够深加思索，从不以自己的标准去衡量他人，因此得到他人的爱戴。他去世时，家里没有什么财产，只有皇帝所赐衣物和书橱。

胡质手下的人把这些情况报告给了朝廷，朝廷追封胡质为“阳陵亭侯”，食邑百户，谥号“贞侯”。并由其子胡威继承爵位。再后来，朝廷再次下诏书大加赞扬胡质清正节俭的行为，赐给他们家钱财和粮食。

胡质的品行和事迹被载入史册。《三国志》说他是“国之良臣”，《晋书》说他“以忠清著称”，《馆陶县志》说他“性沉实内察，然不苟求群下，故为所在称誉”。

阅读链接

胡质父子为人做事清廉谨慎，因此名誉广为人知。晋王司马炎曾经召见胡威，感叹胡威父亲的清廉，对胡威说：“你与你父亲相比，谁更清廉？”

胡威回答说：“我不如父亲。”

司马炎说“你凭什么认为不如你父亲？”

胡威回答说：“我父亲清廉不希望别人知道，我希望别人知道，因此我不如我父亲。”

司马炎心想，真是有其父，必有其子，便对胡威大加赞赏，并让他做了官。胡威也同父亲一样廉洁自律，克己奉公，为官一任，造福一方。

俭以养廉

古代廉政思想发展至隋唐宋时期，已经形成了多措并举的执政理念。尤其是在三朝初期，君臣们都较为开明，倡俭倡廉成为他们的治国方略。

隋文帝提倡节俭，推行仁政，以至于出现了“开皇之治”。唐代政治家狄仁杰的为官德政，为世人所传颂，而开元初年的宰相卢怀慎同样受到了人们的称赞。北宋开国皇帝赵匡胤以节俭带动廉政，还出现了包拯这样的廉吏。他们的许多措施，对当时社会的繁荣昌盛产生过积极作用，也为后世树立了廉政形象。

隋文帝倡俭施仁政

隋文帝杨坚实现了南北统一后，他认真总结前人廉政的经验，认识到节俭和施仁政是治国最重要的有效途径，于是身体力行，以身作则，大力提倡节俭，广施仁政治国。

隋王朝是在魏晋南北朝长期战乱之后建立起来的。魏晋时期以来，由于战争和分裂，奢侈腐化现象严重。针对这一情况，隋文帝注意以身作则，克勤克俭。隋文帝每天一早，便上朝理政，直至过午还不知疲倦；乘车外出途中，遇到有人上书，便亲自停下来过问。

隋文帝杨坚像

在生活上，隋文帝规定从帝王到后宫，服饰器用，务求节俭。妃嫔们的衣服，只要能穿，就不换新的；宫人们的衣服脏了，都要洗过再穿；车舆上的东西破了，补补之后再用。隋文帝自己的衣服和用物，也是用坏了随时送去修补，补好再用。

有一天，隋文帝见到太子杨勇的铠甲曾精心地装饰过很不高兴，便把太子叫到跟前，很严厉地告诫他说："自古帝王没有好奢侈而能长久的。你当太子，应该把俭约放在首位，将来才能继承好皇位。"

隋文帝雕塑

为了让杨勇时时警戒自己不要奢靡，隋文帝还命人取出一些自己穿过的衣服留在杨勇那里，让他经常观看，以便时刻提醒自己不要奢侈。

有一次，隋文帝身患痢疾，需配些止痢药，要用一两重的胡椒粉，可是，找遍了宫中上下都找不到。

又有一次，隋文帝到灾区视察，他拿着老百姓吃的糠给群臣看，痛苦地责备自己无德，表示今后膳食从简，不吃酒肉。

隋王朝之初，大臣苏威见宫中用银做帐幔的钩子，觉得是过分浪费，于是劝隋文帝注意节俭。隋文帝随即下令：将宫中从北周时期沿用下来的雕饰旧物全部废除。

为了提倡节俭，形成风气，隋文帝还从法律上规定，对挥霍无度者严惩不容。他痛恨官吏的贪污行为，甚至秘密派人给官吏送贿，一旦接受立即严惩。

苏威（534年—623年），隋代宰相。苏威很有才能，历任要职，与高颎参掌朝政，齐心协力辅佐隋文帝。政刑大小，均参与筹划。隋文帝修订隋代典制，律令格式多为苏威所定。

隋文帝杨坚

隋文帝的儿子杨俊，生活奢侈，被发现，勒令禁闭。大臣杨素认为罚得太重，隋文帝说："皇上和百姓只有一个法律，任何人犯法都要按法律办事。照你说来，为什么不另造皇子律？"

由于隋文帝能厉行勤俭，使当时社会上也出现了俭朴之风。一般士人平日多穿布帛，装饰品也只用铜、铁、骨、角制造，不用金玉，为国家节省了大量的金钱和物资。同时，政治较为清明，阶级矛盾相对缓和，人民的负担比南北朝时期显著减轻。

隋文帝还广施仁政，采取了许多养民的措施，以此来巩固政权，发展生产，安定社会。隋文帝规定，在特殊情况下，国家的赋役可以免除或缩减。如589年诏令：

故陈之境内，给复10年，余州免其年租赋。

凡是百姓应交的赋税，都根据新政策，每年预先算好数字，造成花名册，按数征收，使官吏无法随意增减。

隋文帝为了与民休息，下令缩短农民服兵役和徭役的年龄。原来是18岁成丁，他改为21岁。还规定过

杨俊（571年—600年），隋文帝杨坚的第三子。581年立为秦王，582年拜上柱国、河南道行台尚书令、雒州刺史，时年12岁。加右武卫大将军，领关东兵。583年迁秦州总管，陇右诸州都归他管理。

50岁可以交纳绢帛免役。以前丁男每年服役30天，隋文帝把它减少为20天，上交国家的绸绢也由每年4丈减少为2丈。

此外，为了让百姓能够享用山川河湖之利，隋文帝下令不得再封山禁泽。从此，百姓和官府可以共同享有盐池和盐井。凡遭灾荒的地区，还及时赈济。

由于天灾人祸无法预见，需要有长久之策，这就是建立粮仓制。早在585年，隋文帝就接受了长孙平的建议，建立义仓。这种丰年积粮，凶年用粮，由群众自理的义仓制是隋文帝的功绩之一。

隋文帝施仁政，还体现为对官员赏罚分明。他认为，为政者赏罚分明，方可谈治国安邦。他很注意对有功绩的官员进行奖励。

开国之初，岐州刺史梁彦光有惠政。隋文帝奖励他小米500石和御伞一把，以资鼓励，并诏令全国官吏要以他为榜样。齐州别驾赵轨为官清廉，在州4年，考绩连年第一。隋文帝予以奖励，并征召入朝。后续升迁，官至寿州总管长史。

大理寺少卿赵绰，忠于职守，执法一心，多次冒杀身之祸，不奉隋文帝非法杀人之诏，维护了法律的尊严。隋文帝认为赵绰有诚直之心，因此予以奖

大理寺少卿 大理寺，官署名，掌刑狱案件审理，秦汉时期为廷尉，北齐时期为大理寺，历代因之，清代为大理院。少卿，官名，为副职。少卿也是北魏太和时期所设官名，北齐时期为正卿的副职，隋唐至清代也沿置。

隋文帝画像

赏，前后赏赐数以万计。

三省六部制 是古代封建社会一套组织严密的朝廷官制。三省是中书省、门下省和尚书省。六部是吏部、礼部、兵部、度支、都官和工部，其中度支后改为户部，都官后改为刑部。它确立于隋代，此后直至清代末期，各不同时期均做过一些有利于加强中央集权的调整和补充。

隋文帝对官吏的要求很严格，他经常派人侦查百官行为，甚至秘密派人给官吏送贿赂，接受贿赂者，不论官职多高，受贿多少，一律查办。

隋文帝还严惩结党营私、离间诬告者。尚书左仆射高颖有文武大略，明达世务，为官竭诚尽节。有人诬告高颖想造反，隋文帝就严厉制裁诬告者。他说："君臣道合，不是爱说别人坏话的人所能离间的。"

隋文帝的仁政还包括对机构的改革。在朝廷，确定了朝廷官制为三省六部制，改变了北周时期仿照《周礼》所实行的六官制。使朝廷发布的政令能够在一定程度上做到比较稳妥，有利于廉政措施的贯彻和执行。

在地方，隋文帝本着"存要去闲，并小为大"的原则，把州、郡、县三级制改为州县二级制，取消了

隋文帝杨坚泰陵

郡一级机构，合并了不少州县。隋文帝又规定：凡是九品以上的地方官，一律由朝廷任免，并每年由吏部进行考核，以便赏罚陟黜。

隋文帝泰陵

这样一来，精简了机构，裁减了一批官员，革除了官多民少、机构重叠的弊病，节省了开支，提高了行政效率。

隋文帝还于598年诏令废除九品中正制，设立州县学，创立科举制。这虽不是精简机构，不能明显节约开支，但便于选拔真正的人才，有利于建设一支比较廉洁的官僚队伍。

总之，隋文帝通过节俭与施仁政，使隋王朝的廉政建设大大加强了。不仅促进了社会政治、经济的发展，也将古代勤俭廉政思想推向了一个新的历史阶段，产生了深远的影响。

阅读链接

《隋书》中曾记有一个颇为怪诞的事：一天夜里，隋文帝做了个梦，梦见有一位神人把他的头骨给换了，梦醒以后便一直头痛。

隋文帝后来遇一僧人，僧人告诉他说，山中有一种茗草，煮而饮之当愈。隋文帝服了以后，果然见效。因为上有好者，下必甚焉，所以当时人们竞相采摘。

从茶文化角度来看，隋文帝尽管当时对饮茶未必自觉，对其后世的影响也未必有意识，但他同样建有这样一大历史功绩。

狄仁杰历职有德政之风

唐代是封建社会一个昌盛的王朝，其之所以在历史上独领风骚，是和各级官员执政为民分不开的。唐代官员的执政思想与实践，为廉政文化的思想宝库增添了精神财富。在他们之中，唐代武周时期杰出的政治家狄仁杰就是其中之一。

狄仁杰，唐代重要官员。他为官廉洁，刚直不阿，敢于惩恶扬善，历任官职，皆有德政。

狄仁杰以明经出身，初在汴州、并州等地任州郡属官，后由大理寺丞一直做到了同凤阁鸾台平章事。其间

■狄仁杰（630年—700年），字怀英，唐代武周时杰出的政治家。曾担任国家最高司法职务掌管刑法的大理丞，判决了大量积压案件，以不畏权贵著称。在他身居宰相之后，辅国安邦，可谓推动唐朝走向繁荣的重要功臣之一。以民为忧，后人称之为“唐室砥柱”，是我国历史上以廉洁勤政著称的清官。

也曾数度出任外州刺史、都督。无论何时何地，狄仁杰都能做到廉洁奉公、清俭恤民，因此受到广大人民的崇敬。

唐高宗李治在位的时候，有两位将军不小心误砍了唐太宗李世民陵墓上的一棵柏树。唐高宗闻知后大怒，下诏处死他们。

百官们虽然都知道两位将军罪不当死，但是皇上盛怒之下，都不敢开口说话。只有狄仁杰站了出来，力谏两人罪不当死。

■唐高宗李治

唐高宗十分生气，说道："他们砍了太宗陵墓上的柏树，让我背上不孝之名，我非杀了他们不可！"

狄仁杰答道："汉朝曾有人偷盗皇庙中的玉环，汉文帝盛怒之下，欲灭盗贼九族。有大臣谏道：'如果有人取了皇陵上的一抔土，又当如何处置？'于是汉文帝打消了灭九族的念头，并且依照当时的法律对之进行了合理的惩处。可见国有国法，凡事应当按照国家的法律来量刑。如果陛下今天因为两位将军误伐一棵柏树便要将他们置于死地，那么后人将如何看待陛下？"

这番话说得有理有据，唐高宗怒气全消，不但免了两位将军的死罪，还将狄仁杰升任大理寺丞，负责管理刑狱。

狄仁杰上任之前，大理寺的官员办事效率很低，

同凤阁鸾台平章事 与中书省、门下省协商处理政务的官职，与中书令、侍中享有同等权力及待遇。凡五品以上职事官经过皇帝授权即可充任，不受资历限制，这便于皇帝从中级官吏中选拔亲信以分相权。唐代一般将此职位授予非中书令，门下侍中而又实际担任宰相的人。

■狄仁杰头像雕塑

积压了大批陈年旧案。而且由于一些办案官员的昏庸贪黩，致使冤枉者甚众。百姓们为了打官司，耗费了大量财力，政府也因此增加了巨额的开支。

狄仁杰上任后，为了解除积弊，免去百姓的痛苦，殚精竭虑，夜以继日，在短短的一年之中，就决断积压旧案数起，涉及1.7万人，平均每天判案5例，效率之高，令人震惊，而且判决公正，没有诉冤者。

当时唐高宗有个宠臣叫王本立，被封为左司郎中，常常自恃有皇帝相护，飞扬跋扈，无法无天。许多人虽然对他恨得咬牙切齿，但碍于皇上，谁都让他三分。偏偏狄仁杰不信治不了他。

狄仁杰收集了王本立干坏事的罪证，并一条一条清楚地写奏本上奏皇帝。唐高宗起初想纵容王本立，但是狄仁杰谏道："朝廷虽然缺乏人才，但并不是缺少像王本立这样的败类。如果陛下一定要赦免他，就请降罪于我，以为群臣之戒。"

唐高宗毕竟理亏，也就只好听任狄仁杰处罚了王本立。一时之间，朝廷气象为之一新，再也没人敢胡作非为了。

高宗听从了狄仁杰的劝谏，并让史官把这个案例记录下来，以便流传后世。这不仅是表彰狄仁杰敢于

话本 宋代兴起的白话小说，用通俗文字写成，多以历史故事和当时社会生活为题材，是宋元时期民间艺人说唱的底本。它既包括傀儡戏、皮影戏及各种讲唱艺术的底本，又包括讲唱艺人口头创作成果的记录整理本，同时还包括按照讲唱艺术格式编写的通俗读物。

依法直言，给大臣们树立一个榜样，也是唐高宗有意标榜一下自己，给后人树立一个善于纳谏的形象。

狄仁杰清正廉明、善于断案的名声广为传颂。后人还将其办案的故事敷衍成话本《狄公案》，流传至今，并被译成外文，传到西方。

后来，狄仁杰出任宁州刺史。宁州是胡汉杂居区，民情复杂。官府和百姓之间的关系也很紧张。狄仁杰到任后，大力整肃吏治，并以身作则，倡行廉政。同时妥善处理各族关系，深得人心。百姓因此为之立碑颂德。

武则天称帝之后，当时天下承平日久，各级官吏之中，腐败之风渐长，因此武则天常派人巡视各地，严惩贪官污吏。御史郭翰奉命巡察陇右，一路上查处了许多贪赃枉法的官员。

宁州百姓听说此事，生恐郭翰不问青红皂白，伤害狄仁杰，于是纷纷涌上街头等候郭翰一行。等郭翰一入宁州境内，都赞誉狄仁杰的美德，直至郭翰表态，州人方散。狄仁杰之清正廉明，受人爱戴，于此可见一斑。

狄仁杰还多次为民请命，坚持反对权贵们乃至皇帝的贪污腐化的行为。

他在任豫州刺史时，宰相

陇右 由陕甘界山的陇山即六盘山而来。古人以西为右，故称陇山以西为“陇右”。古时也称“陇西”。陇右地区位处黄土高原西部，界于青藏、内蒙古、黄土三大高原结合部。历史上无论是政区划分、民族分布、人口构成还是经济形态、民风民俗，都是一个相对完整的自然、人文地域单元。

武则天出巡图

武则天故事绘画

张光辅率大军平息了越王李贞在汝南发动的叛乱。张光辅及其部下恃功自傲，向各地勒索大量财物，百姓深受其苦。狄仁杰坚决不给。

张光辅大怒：“你一个州将，难道敢轻视元帅吗？”

狄仁杰毫无惧色，怒斥张光弼杀戮降卒，以邀战功。他的一番话义正词严，掷地有声，张光辅无言以对。豫州百姓因此而免除了许多无理摊派。

有一次，武则天为了造大佛像，不惜花费数百万两银子。当时因朝廷财力不够，又命天下僧尼每天每人出一钱助力。于是僧尼乘机广为化缘，加重了人民负担。

狄仁杰反对这种耗费资财而又扰民的无谓之举，上书劝谏道：

> 工不役鬼，必在役人；物不天降，终由地出。不损百姓，且将何求？

意思说：造像工程不役使神鬼，肯定会役使民力；造像物品不会从天而降，终究要靠地产出。如果不损害百姓，又能从哪里求得呢？

狄仁杰恳切地指出，百姓接连遭受自然灾害，尚未恢复，给民以时，发展生产才是当务之急，此时服役，有损民力；而且边境又不得安宁，应当省不急之费，万一边境有难，官财既费，人力又尽，真正无以可救，将危及政权稳固。

则天文字 是我国历史上唯一女皇帝武则天所创的新造字的总称，在今天看来属于异体字范畴。按照汉字的6种构造条例划分，这些字都属于象形和会意字。大部分的则天文字现在已鲜于日常生活中使用。

狄仁杰分析利弊，慷慨陈词，武则天看后，有所感悟，最后终于打消了造大佛像的想法。

武则天晚年，曾听信谗言，助长了专横跋扈、阿谀奉承之风。狄仁杰看在眼里，恨在心里，只想借机煞煞这股邪风。

武则天曾经改国号为“周”，还用自造的“则天文字”“曌”取名武曌。字与音合起来的意思是：武则天如同日月当空照。

武则天浮雕

一天，几个文人跪拜赞颂道：“女皇称尊，旷古未有。故而，国家之‘国’字也应改成新字，方才有别于前世呀。”

武则天听后降旨道：“你等所言极是，那就命你们3天之内把‘国’字改好。”

几个文人接旨后，连夜商议，费尽了心机。第二天上朝，三呼万岁之后，一个胖文人出班递上奏本。

就听胖文人解释道：“奏明我主万岁，臣等把‘武’

狄仁杰墓

上朝 即臣子朝见君主议事。两汉时期，皇帝对丞相待之以礼。丞相觐见皇帝时，皇帝起立，赐丞相座。丞相生病了，皇帝还要亲自前去探视。隋唐时期的官员上朝奏事也均有座，到了宋代，官员上朝必须站着奏事。至清朝，大臣奏事就变成跪着了。从礼仪上的变化可以看出，自宋代以后，皇帝的权威越来越高，而官僚的地位不断下降。

字写入‘口’内，寓意是：武家坐镇江山，天下永属武家。”

武则天喜上眉梢，正想嘉奖，忽然见狄仁杰出班，他奏道：“启奏陛下，微臣觉得‘囚犯’的‘囚’字，是把‘人’圈在‘口’内，成为囚犯；若把‘武’字圈在‘口’内，岂不是想要把陛下变成囚犯？”

武则天听罢，若有所悟，说：“狄卿所言极是。这样改‘国’，不是图谋不轨吗！”于是，降旨不用胖文人的建议，又让另一个瘦文人改“国”。

瘦文人战战兢兢地跪在地上，说道：“启奏皇上，武皇威震天下，理应统治八方，故应把‘八方’放在‘口’内。”

武则天听了，用手指书空，划着‘圀’字。之后，喜笑颜开，说：“这个‘圀’字，正合朕意！一定好好奖赏你。”

狄仁杰说：“陛下，如此改法，更加不妥，把‘八方’放在‘口’内，岂不是要引八方豺狼入室，意味着国家空虚，八方侵入中原吗！”

武则天一听，怒不可遏，大声喝道：“狄卿所言甚是！他们两人妄断圣意，实在大胆，应该处罚。”

胖瘦两个文人吓得面如土色，“扑通”一声，一齐跪在地上说：“吾等实在不该如此改‘国’，求皇上饶命！”

武则天余怒未消，下令革去他们的职务，摘去乌纱，将他们流放岭南，不准生还。

狄仁杰以大义凛然的气节，智煞谄媚风，勇树正义风，对当时树立良好的社会风尚起了积极作用。

由于狄仁杰在武则天一朝和以前一样，一直秉承公正之心，做人清廉，为官廉政，武则天曾高度赞扬他说：“狄仁杰无论是出去当地方官，还是做宰相都干得非常出色。狄仁杰是想让自己成为管仲乐毅那样的名臣，他辅佐君主，想让君主成为尧舜那样的明君。”

狄仁杰一生，称得上是历职皆有德政。因此，千百年来人们一直传颂着他的事迹，把他看作是古代清官的一个代表。

阅读链接

狄仁杰当宰相时，有一天，武则天召见他，告诉他说：“有人在我面前揭你的短。你想知道他们是谁吗？”

狄仁杰说：“别人说我不好，如果确是我的过错，我应该改正；如果陛下弄清楚不是我的过错，这是我的幸运。至于是谁在背后说了我的不是，我并不想知道。”

其实，知道过去是谁诬陷了他，对狄仁杰并无半点好处，而诬陷者或许会担心狄仁杰挟嫌报复，多生出一些事来，所以狄仁杰宁愿糊涂，不愿苛察。由此可见狄仁杰的“糊涂”的智慧。

卢怀慎清正廉洁之风

历史上的盛世一般出现在开朝初期，执政者为了稳定新生政权，大力推行廉政建设，恢复国力，休养生息。唐代的开元盛世，就是由于廉吏们的执政精神，才带来了百业昌盛。开元年间的卢怀慎，也和狄仁杰一样，在我国廉政思想史上留下了重重的一笔。

卢怀慎，经历唐中宗、唐睿宗、唐玄宗三朝，一向注重官德，受到了时人的称赞。

卢怀慎画像

卢怀慎清廉谨慎，生活节俭朴素从不经营资产。他虽然贵为卿相，常常将所得的俸禄和赏赐随手周济亲朋好友。而他的妻子儿女的生活则难免饥寒，他们住的房子因年久失修而不蔽风雨，便拿着帘子遮挡。每天吃饭，不过蒸豆两碗、蔬菜数盘而已。

713年，卢怀慎奉命去东都洛阳主持选才授官，随身用具只有一个布袋。不认识他的人，根本看不出他是一个大官。

卢怀慎在担任黄门监兼吏部尚书期间，薛王李业的舅舅王仙童侵害百姓，御史台调查掌握了他的罪行，已经申报立案，这时李业出面为之请求赦免，于是诏命紫徽省、黄门省进一步核实。

卢从愿像画

薛王舅舅王仙童暴虐百姓，卢怀慎与姚崇上奏说："王仙童罪状十分明白，如果御史都可以怀疑，那么其他人怎么还能够相信呢？"于是结案。

这件事影响很大，对全国上下那些违法乱纪的人起到了极大的震慑和教育作用，尤其使一些嚣张的贵戚收敛了许多。

卢怀慎在黄门监任上，曾经病了很长时间。他躺在一张薄薄的破竹席上，门上连个门帘也没有，遇到刮风下雨，只好用席子遮挡。

宋璟和卢从愿经常去探望他。卢怀慎平素很器重宋璟和卢从愿，看到他们俩来了，心里非常高兴，留他们待了很长时间，并叫家里人准备饭菜。结果端上来的只有两瓦盆蒸豆和几根青菜，此外什么也没有。

卢怀慎握着宋璟和卢从愿两个人的手说："你们两个人一定会当官治理国家，皇帝寻求人才和治理国家的策略很急迫。但是管理国家的时间长了，皇帝身

黄门监 古代官名。713年改门下省为黄门省，其长官侍中为黄门监，5年后均复原名。隋唐时期门下省与中书省同掌机要，共议国政，并负责审查诏令，签署章奏，有封驳之权。其长官称"侍中"，或称"黄门监"，皆因时而异。其下有黄门侍郎、给事中、散骑常侍、谏议大夫、起居郎等官。

■宋璟画像

边的大臣就会有所懈怠，这时就会有小人乘机接近讨好皇帝，你们两个人一定要记住。”

宋璟和卢从愿走后，卢怀慎又抱病写了一个报告，向皇帝推荐了宋璟、卢从愿、李杰和李朝隐几个优秀人才，希望皇帝重用他们。后来，这几个人都在为官过程中发挥了一定的积极作用。

卢怀慎去世，家人在安葬他的时候，因为他平时没有积蓄，所以只好叫一个老仆人做了一锅粥给帮助办理丧事的人吃。

四门博士张星看到这种情况，就上书给唐玄宗李隆基说：“卢怀慎忠诚清廉，始终以正直之道处世，对他不给予优厚的赏赐，就不能劝人从善。”

唐玄宗当时将要前往东都洛阳，看了张星的报告，很受感动，立即颁发诏书，予以褒扬。

诏书中说：

已故检校黄门监卢怀慎乃国家之宝，朝廷的济世之才，善于出谋划策，学问德行堪称楷模。和公孙弘辅佐汉室齐等，与季文子弼相鲁国相同。节操与古人相傍，勤俭诚实可以作为榜样。他冰清玉洁，家里没有金银宝物，清贫度日。

诏书 是皇帝布告天下臣民的文书。在周代，君臣上下都可以用诏字。秦王政统一六国，建立君主制的国家后，自以为“德兼三皇，功高五帝”，号称皇帝，自称曰朕。并改命为制，令为诏，从此诏书便成为皇帝布告臣民的专用文书。汉承秦制，明代用诏书宣布重大政令或训诫臣工。

我顾念以往岁月，更感深切哀悼。应该像抚恤凌统的遗孤一样抚恤他的遗孤，像表扬晏婴的德行一样表扬他的德行。应该赏赐物品一百段，粮食二百石。

唐玄宗回京师后，有一次打猎，来到一片破旧的房舍之间，发现有一户人家简陋的院子里，似乎正在举行什么仪式，便派人骑马前去询问。

派去人回来报告说：“那里在举行卢怀慎的周年祭礼，正在吃斋饭。”

唐玄宗决定赏赐给卢家细绢帛，并因此停止了打猎。在回来的路上经过卢怀慎的墓时，石碑尚未树立，唐玄宗停马注视，潸然泪下。

唐玄宗回到皇宫，看了卢怀慎在病中写给他的报告，对他更加惋惜。诏命中书舍人苏颋为其撰碑文，并在碑上御笔亲书。不久，又追赠卢怀慎为荆州大都督，谥号为“文成”。

卢怀慎以清正廉洁精神自律，由此带来唐代百业昌盛、文化繁荣，开元盛世的大唐成为屹立于世界的中华强国就不足为怪了。

阅读链接

传说在安葬卢怀慎的时候，因为他生前没有积蓄，所以他的夫人只好叫一个老仆人做了一锅粥给帮助办理丧事的人吃。

玄宗皇帝当时到城南打猎，来到一片破旧的房舍之间，看到在一户人家的简陋院子里，似乎正在举行什么仪式，便派人骑马去询问，那人回来报告说：“那里正在举行卢怀慎的祭礼。”玄宗又详细的打听了当时的情况，了解到了卢怀慎廉政一生的事，于是赏赐了细绢帛，并因此停止了打猎。

赵匡胤以俭行廉政

北宋时期，儒家思想中的“廉”被封建士大夫奉为立身处世的根本，官员的为政思想道德追求也以“廉”为行为准则。当时之所以形成这样的道德风尚，是和开国皇帝赵匡胤的个人言行分不开的。

宋太祖赵匡胤不仅是大宋王朝的一代开国明君，还是一个倡导节俭并以身作则的皇帝。可以说，节俭成为他廉政建设中的重要内容。

赵匡胤画像

赵匡胤当上皇帝后，并没有因此而奢侈起来，而是深感廉政的重要。因此，他时刻以自身的节俭言行，来带动廉政建设向前发展，防微杜渐，力避腐败危及大宋王朝的基业。

每年七夕节时，开封城里

非常热闹。在这个时候，赵匡胤常常是送给自己的母亲和妻子几贯钱作为节日礼物，别的什么也没有。其实赵匡胤并不缺钱，当时开封的32个国库里装满了财物，但赵匡胤一点也不挥霍，生活一直很朴素。

赵匡胤雕塑

赵匡胤平时穿的衣服都是很寻常之衣，上朝穿的衣服也是用普通绸布制作的皇袍，冠戴没有珠宝玉饰。

有一次，赵匡胤把一件用麻做的衣服展示给身边的人看，说："这是我以前穿过的衣服。"

这时，赵匡胤的弟弟赵光义说："您的生活也太过于俭朴！"

赵匡胤严肃地说："你难道忘记了以前的艰苦生活了吗？"

赵光义很好地延续了赵匡胤俭朴的生活作风，他即位后，成为宋太宗，但仍然崇尚节俭的作风。

赵匡胤的御轿已经修理过好几次了，而且无装饰。皇后问他："陛下既已做了天子，怎么不乘坐一个好的轿子，并用金银装饰一下呢？"

赵匡胤严肃地说："我以四海之富而富我，别说轿子，我管的金银就是装饰宫殿也用不完。但是天下的子民若都用金银装饰，则不能装饰一个纽扣。国家之财是天下百姓之财，我不能随便用。天子要以有余来

七夕节 农历七月初七。来自于牛郎与织女的传说，由于过往女子的命运只能嫁作人妇，相夫教子，因此不少女子都相信牛郎织女的传说，并希望以织女为榜样。所以每逢七月初七，她们都会献祭，祈求自己能够心灵手巧、获得美满姻缘。

■赵匡胤雕塑

奉天下，以后你不要再说这种话了。”

此后，赵匡胤还是照样乘坐那顶修补过无数次的旧轿子。

赵匡胤不仅自己过布衣蔬食的俭朴生活，对他的子女也提倡节俭。赵匡胤的三女儿永庆公主喜欢穿漂亮的衣服。赵匡胤就对她说：“你生长在富贵之家，现在的地位和生活已经够优越了，你应当珍惜这种幸福生活，不能身在福中不知福。怎么能带头铺张浪费呢？”

公主听了惭愧万分，忙跪拜称谢。

永庆公主出嫁后，经常出入宫中来看望父母。她的衣着比较讲究，穿一身昂贵的贴绣铺翠的短衣。像这样的服饰在当时对于一位皇家公主来说，并不算过分。赵匡胤看到了，便对女儿说：“自今以后，你不要穿这种衣服了。”

永庆公主辩解说：“这能用多少翠羽呢？”

赵匡胤说：“你穿这种衣服，浪费是一方面，皇亲国戚等贵族一定争相仿效。这样一来，京城中的翠羽便要涨价，小民为了逐利，辗转贸易，岂不使许多人舍本逐末吗？”

听了这番道理，永庆公主只能眼见这件属于自己的礼服成为祸国殃民的东西，只好把它扔进了仓库。

有一次，永庆公主来到宫中，看到皇帝的轿子一点都不华贵，就劝赵匡胤用黄金装饰一下。

皇亲国戚 皇亲：皇家的亲属。国戚：皇帝的外戚，即后妃的家族。泛指皇帝的家庭和亲戚。也比喻极有权势的人。

翠羽 本意为翠绿色的羽毛，如绿孔雀的羽毛，翠鸟的羽毛。孔雀的羽毛，因其色泽华丽富有翡翠的颜色，因此被作为历代皇室的供品。孔雀和翠鸟的羽毛，古代多用作饰物。

赵匡胤不但没有接受，反而非常生气地说：“我拥有四海之富，宫殿可以用金银作装饰，这些随时可以办到。但我是为天下守财，岂可妄用？古称以一人治天下，不以天下奉一人。况且用来奉养自己，倒是快乐了，那么，使天下人怎么看呢？”

永庆公主又一次受到了节俭教育，此后的衣着打扮就朴素起来。赵匡胤看在眼里，心里很欣慰。

赵匡胤做了皇帝后，打了很多胜仗，却从未搞过一次大庆。从建隆元年至乾德和开宝年间，3次更改年号，从未搞过一次庆典。虽然当时的大宋国泰民安，社会和谐，赵匡胤却从未自诩过天下太平，他始终励精图治，开拓进取。

孟昶（919年—965年），五代后蜀高祖孟知祥第三子。后蜀末代皇帝。即位初年，励精图治，实行“与民休息”政策，但在位后期不思国政，生活奢侈无度，连夜壶都用珍宝制成，朝廷十分腐败。后赵匡胤的军队进成都府，孟昶投降，后蜀灭亡。

北宋平定了后蜀之后，后蜀的亡国之君孟昶到了开封，进献给赵匡胤一个精美绝伦的尿壶，上面装饰着七彩珠宝，名贵无比。

赵匡胤坐像

赵匡胤看到这个精美的尿壶后，把它摔到地上，让侍卫把它砸碎，并声色俱厉地对孟昶说：“一个尿壶竟然如此奢华，那你用什么东西来贮藏食物？你如此骄奢淫逸，怎能不亡国？”

赵匡胤对两旁的大臣说：“人人都应记取这个教训，千万不要有奢靡的行为。”这件事，让满朝文武深受教育。

江南的吴越王来开封朝拜赵匡胤，献上一条罕见的超级犀角腰带。赵匡胤婉言拒绝了，并说：“朕已有3条宝带了，这条还是你留着用吧！”

吴越王提出想看看这3条宝带，赵匡胤说：“这3条宝带，一条是汴河，一条是惠民河，一条是五丈河。”

赵匡胤的节俭言行，有力地推动了廉政建设，流风所及，使朝廷大臣很受感动。宋代初期大臣中也有不少生活俭朴的典范，如宰相范质遵循规矩，慎重名器，保守清廉节操，成为节俭的典型。

皇帝、宰相都如此简朴，对当时的社会产生了极大影响，很多人自然也不敢过于奢侈了。当时的州县官去上任，大多穿着草鞋拄杖而行，骑驴已经算是奢侈的事情了。整个社会形成了崇尚节俭的良好风气。

赵匡胤居安思危、崇尚节俭，他以自身的行动，树立了廉政建设的典型，奠定了大宋基业，也使他成为了一个以身作则、倡导节俭的好皇帝。

阅读链接

皇帝赵匡胤，年轻时武艺超群，但他有武无德、不务正业，整天泡在赌场上吆五喝六，和赌徒们一起鬼混，输多赢少。父母和亲戚好友的规劝，他左耳进右耳出根本不当回事。

一个盛夏的夜晚，赵匡胤在赌场上输得分文皆无，灰溜溜地走出来，昼夜狂赌使他口干舌燥，又饥又渴，正好路过一片西瓜地，便蹑手蹑脚、猫着腰进去偷瓜吃。结果让一老瓜农狠狠地教训了一顿，从此改邪归正，专心习文练武，最后成就了一番大业。

包拯除弊铁面无私

宋太祖赵匡胤以自己的亲身实践，开启了北宋时期勤俭廉政之风。而这种执政精神，被宋仁宗赵祯时的包拯发扬光大了。

包拯，北宋时期政治家。他不畏权贵，不徇私情，清正廉洁，成为宋仁宗一朝著名的清官，而且历史上赫赫有名。

包拯家道贫寒，少有大

包拯（999—1062），字希仁，北宋庐州人，天圣进士。奉使契丹还，历任三司户部判官，京东、陕西、河北路转运使。入朝担任三司户部副使，请求朝廷准许解盐通商买卖。改知谏院，多次论劾权幸大臣。授龙图阁直学士、河北都转运使，移知瀛、扬诸州，再召入朝，历权知开封府、权御史中丞、三司使等职。嘉祐六年即1061年，任枢密副使，后卒于位，谥号“孝肃”。因不畏权贵，不徇私情，清正廉洁，其事迹被后人改编为小说、戏剧，清官包公形象及“包青天”的故事家喻户晓，历久不衰。

■包公蜡像

志，读书勤勉，28岁考取进士，任大理寺评事，开始走上仕途。包拯为官时，正是北宋王朝“积贫积弱”、危机重重的时代。面对每况愈下的形势，包拯极力主张举贤任能，澄清吏治。

包拯上书宋仁宗：“明听纳，辨朋党，惜人才，不主先人之说。”他还主张罢斥“持禄取容、妒忌贤能”的庸才，甚至启用被贬的“窜逐之臣”，使其“自奋图报”。这些主张大多为宋仁宗所采纳。

包拯还多次弹劾贪官污吏，身居宰相高位而碌碌无为的宋庠、搜刮百姓的诸道转运使加按察使王逵、鱼肉百姓的宋仁宗爱妃的伯父张尧佐，都被包拯连连参本，据理抗争，该罢职的罢职，该处罚的处罚。

包拯一直念念不忘改善国家的财政，他认为关键在于精简官僚机构，减少“冗吏”“冗兵”，才能节约开支。为此，他建议宋仁宗停止不急需的工程建

义勇 宋代称乡兵为“义勇”。乡兵也称“民兵”，由居民自动组织或朝廷组成的不脱产的武装力量，是按户籍丁壮比例抽选或募集土人组成的地方民众武装，不脱离生产。宋代设置各种番号的乡兵，其中除遍行全国的保甲外，其他番号的乡兵都是地区性的。

筑，废除额外征收的苛捐杂税。主张训练义勇，减少戍兵。这样既减少了开支，又充实了边防。

宋仁宗曾经实行食盐官营专卖制度，出现了很多的弊端。包拯为此专门实地考察民情，并及时上奏朝廷，请求废止官营专卖制度，让商贩们自由经营，朝廷可以收税增加收入，这样就可以双方获利，百姓也方便。

1045年，包拯奉命出使辽国，在途中，他发现负责迎送外交使者的三番官员常借机在沿途勒索百姓和地方的官员，边界的人民不堪重负，叫苦不迭。

包拯赶忙上奏皇帝，请求缩短三番官员在边界停留时间，严禁吃请送礼。宋仁宗采纳了包拯建议，下诏实行，很快，边界人民的负担便减轻了很多。

包拯面对北宋危机四伏的形势，凭着一颗为民的心时刻留心民间疾苦，体现了他为国为民的高尚情怀。在1048年，包拯担任三司户部副使时，常常不辞辛劳，深入下层体察民情救民于水火之中。

他在给宋仁宗的奏议中有这样一段话：

包拯审案场景

包公审案

江、淮、两浙、京东、河北累年以来，旱涝相继，物价涌贵，民食艰阻，两浙一路灾疫尤甚。

若不速令救济，必致流亡，强壮者起为盗贼，老弱者转死沟壑。因此生事，为患不细。

奏议出自对王室一片忠心，但也可见他体恤百姓之良苦用心。

江南地区有一次发生了旱灾，百姓们饥饿得难以生活。包拯了解到情况后，立即下令开仓放粮救济，以解燃眉之急。

按照当时的惯例，开仓放粮是件大事，必须事先请示皇帝等批准以后才能打开粮仓救济百姓。但将文书送到京城再等批下来，要等上几个月的时间，到时百姓不知要饿死多少人。包拯一边派人急奏朝廷，一边就果断地开始放粮了，终于使很多百姓免于灾难。

还有一次，江淮大地的人民大范围受灾，百姓已缺粮断炊，而地方的官吏们为了虚报政绩、讨好上级，以利升迁，便隐瞒了灾情，置人民生命于不顾。不仅如此，还反过来逼迫百姓们交粮卖米。

包拯了解灾情后，就给皇帝上疏，要求立即纠正不法官员误国害民的行为，并予严惩。皇帝采纳了他的建议。从此，包拯被江淮人民称为“再生父母”。

包拯在巡视山西时，发现漳河两岸的邢、洺、赵三州万顷肥沃农田却被当成军马牧场使用，不准种粮食。但是，军粮却从外地远道运来，费时费力又耗费国财。

包拯立即上书请求归还耕地，宋仁宗很快也下了诏书。结果，粮食、马料都得到了解决。

包拯在边境上“置场和市”，设立了收税的贸易市场，发展边境少数民族的贸易。他把人民看作立国之本，并与国家安危联系起来，确实是颇有见地的。

由于包拯政功卓著，宋仁宗调任包拯为开封府尹。包拯作为首都开封府的最高长官，一如既往地为民谋福去害，从来不因为权贵当道而后退半步。

开封是达官显贵聚居之京都，社会情况十分复

开封府尹 宋代官职名，为北宋首都开封府的最高长官。府尹总领府事，掌管京师民政、司法、捕捉盗贼、赋役、户口等政务。寇准、包拯、范仲淹、苏轼等北宋名臣先后出任开封府尹。他们执法严明，清正廉洁，开创了“清廉刚毅，除暴安良”的官衙新政。

包公塑像

杂，仗势欺人、倚权犯命、践踏法制、为非作歹者屡见不鲜。包拯任开封府尹狠抓社会治安，雷厉风行。

包拯敢于碰硬，纵然是朝廷显贵也违法必究。黄河的支流惠民河从开封城中穿过，很多权贵便在河的两岸占地营造宅院，营建园林，致使河道阻塞，雨季水患多发，给京城的百姓带来了灾难。

包拯经过实地调查后，立即调集人力，全部拆除了非法建筑。对于伪造地契、弄虚作假、拒不拆除的立即严惩，并上报朝廷，撤其官职。包拯铁面无私，雷厉风行，在很短的时间里，便从根本上清除了这一人为造成的水患。

包拯还进一步改革了开封府的官衙旧习气，为民谋福。按照北宋法律，到衙门里告状的人不能直接到官吏面前递交诉状，要由下属门牌司来转达，这使许多百姓受到刁难勒索，敢怒而不敢言。

包拯到任之后，马上撤去了门牌司，让人将衙门的大门敞开，允许百姓直接到公案前陈述递状，这就从根本上杜绝了官府小吏们对百姓的盘剥。

当时连妇女和小孩都知道包拯的名字，人们亲切地称他为“包待制”，还送给他一个绰号“阎王爷”，以示敬重。

包拯虽为高官，从不为自己办寿辰。可是，当他到了花甲之年，文武百官却破例要为他庆寿，黎民百姓也一定要为他办生日。包拯吩咐儿子包贵在他60岁寿辰那天，候在衙门口接待来客，一律以白开水相待，寿礼一概拒收。

包拯为官30余年，一世清贫，衣食简单朴素，始终“如布衣时”。生前，他告诫子孙：

后世有做官的，若贪赃枉法，不准放回老家，死后不准葬于祖坟，不听从我的告诫，就不是我的子孙。希望把我的训示刻在碑上，竖于堂屋东壁，以昭后世。

包拯去世后，宋仁宗亲自率领百官吊唁，还派专使护送灵柩回到合肥，安葬在合肥城东的大兴集。现在的包公祠有一副对联：“理冤狱，关节不通，自是阎罗气象；赈灾黎，慈善无量，依然菩萨心肠。”总结了包拯无私爱民的品格。

阅读链接

包拯在端州任知州时，深入民间，亲自察看砚洞，了解砚工疾苦。当时贵为“文房四宝”之冠的端州砚，砚石产于河底深穴，质刚且柔，温润如玉，但难以寻采。一块名贵的砚料千雕万凿成为端砚，少则一月，多则半载，不知要耗费砚工多少心血。历任州官不顾百姓死活，只知搜刮端砚，朝贡朝廷，取悦权贵。

包拯熟知其中的弊端，他愤然疾书，请求减免额外加派，终得上司应允。他本人虽酷爱端砚，但直至离任也是一个不取。

司马光一贯廉洁自守

北宋时期人才辈出，为民执政的廉吏不乏其人。除了铁面无私、革除时弊的包拯外，还有司马光这样清正为官、廉洁自守的人。

司马光，北宋史学家和文学家。历仕宋仁宗、宋英宗、宋神宗、宋哲宗4朝。他除了编写巨著《资治通鉴》外，还有许多情操高尚、清正为官的故事，鲜为人知。

司马光画像

司马光的父亲司马池为官清廉，勤政爱民，生活十分朴素。他家一贯粗茶淡饭，绝不奢华。即使招待上等官员，也只是用当地的山果、土产的蔬菜，而且也只限于三五道菜。父亲的俭朴影响了司马光的一生。

1038年，司马光考中了进士，朝廷要他在礼部任职。对于这个很有前途的晋升之阶，司马光并不感兴趣，而是请求出任苏州通判。

在宋代，通判是朝廷派遣的一种临时职务，并非地方正式官员，更无什么实权，一般人都不愿意去做。司马光却认为，能不能当一个好官，关键并不在于职位的高低。即使当朝一品，要是昏庸无道，素餐尸位，倒还不如做个兢兢业业、踏踏实实的七品县令。

司马光雕塑

司马光到了苏州，在黄场桥头附近，找了一座极普通的宅第住了下来。在那里，他看到周围的农民，住破屋，吃秕糠，穿烂衣，十分同情，准备一展身手，为人民谋福利。

正当司马光怀着远大的抱负，准备大展宏图之时，他的母亲不幸病逝了。按照封建礼教，他必须辞官回家服丧3年。

在此期间，北方党项族人李元昊称帝，建立了西夏国，并同宋王朝发生了战争。宋仁宗为了加强军事防御力量，要求两浙添置弓手，增设指挥使等官职。司马光认为这样做，并没有什么好处。于是草拟《论两浙不宜添置弓手状》，从各方面阐述添置弓手增设武官的弊端。

司马光服丧结束后，签书武成军判官，不久又改宣德郎、将作监主簿，权知丰城县事。在短短的时间

进士 古代科举制度中，通过最后一级朝廷考试者，称为“进士”。是古代科举殿试及第者之称。意为可以进授爵位之人。隋炀帝大业年间始置进士科目，后世沿袭。进士分为三甲：一甲3人，赐进士及第；二、三甲，分赐进士出身、同进士出身。

司马光当官像

里，就取得“政声赫然，民称之”的政绩。

后来，司马光又调任国子学直讲，任馆阁校勘，同知太常礼院，龙图阁直学士等职。

随着司马光职位的升迁，有不少人想通过他捞些个人好处。为避免此类“人情”，司马迁在自家客厅内贴了一张告示，以示造访者。

告示写道：

凡来者若发现我本人有什么过失，想给予批评和规劝，请用信件交给我的书童转我，我一定仔细阅读，认真反思，坚决改正；

若为升官、发财、谋肥缺，或打算减轻罪名、处罚，请一律将状子交到衙门，我可以和朝廷及中书省众官员公议后告知；

若属一般来访，请在晤谈中，休提以上事宜。

司马光有一位老友从河北到了当时的京城开封，以父母无钱安葬，弟妹嫂侄需要抚恤为由，开口就向司马光要万钱。

对此司马光回信一封说：“我司马光一贯小心谨慎，简朴为官，一分一毫也不敢妄取于人，食不敢常

直讲 古代官名。辅助博士讲授经学。唐代国子学、四门学有直讲，掌辅佐博士、助教，讲授经书。宋代，国子监有讲书，994年改直讲，以京朝官充任。后来又规定名额、年龄、学识、行为等，以为生徒模范。1080年改太学博士。

有肉，衣不敢纯衣帛，视地而后敢行，顿足然后敢立，连亲属故旧都拿不出钱来帮助，哪来的钱给您啊!”

司马光同礼部尚书张存三之女结婚后，常常不进卧室，独身在书房里过夜，而且头枕木枕。夫人十分不解。

司马光说：“我怕自己只图享受，忘了国家的忧患；只图当官，忘了百姓的疾苦。便让木匠用圆木给我做了枕头，它一滚动，我就会醒来。然后静坐，想想当天哪些事情没有办好，以便第二天补救。”

夫人听了十分感动，说：“既然夫君为国分忧，我情愿守一辈子空房！”

这就是后来《宋史》上有名的司马光“头悬警枕，忧国忧民”的故事。

司马光做官几十年，只在洛阳有田三顷。司马光的夫人张氏伴随他46年，夫人去世后，家里没钱办丧事，儿子司马康和亲戚主张借些钱，把丧事办得排场一点。

可是司马光不同意，并且教训儿子处世立身应以节俭为可贵，不能动不动就借贷。最后，他还是把自己这块地典当出去，才草草办了丧事。

司马光塑像

在司马光看来，节俭不仅是一种生活态度，更是一种美德，奢侈也不只是陋习，更是一项罪恶。做人当以俭为本、以俭为美、以俭为上；为官要正世风、政风、民风，当先正家风。

司马光曾给儿子写

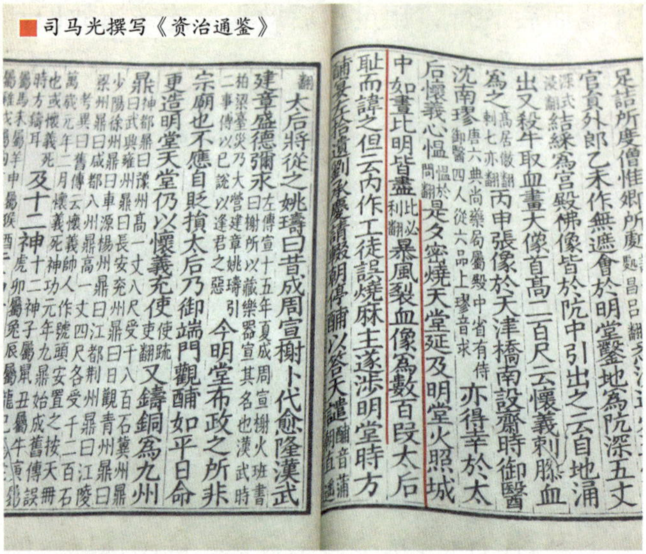

司马光撰写《资治通鉴》

信说："我们家本来就是清寒的，清白的家风代代相传。至于我本人，从来不喜欢豪华奢侈。小时候，大人给一件华美的服装，就不愿意穿；考中进士后，别人戴花，自己也不愿意戴；只是出于对皇上的尊崇，才不得不勉强插戴一枝。我认为，平时穿的能够御寒、吃的能够饱腹，也就行了。但是，许多人却嘲笑我寒酸。对此，我从未后悔过。"

司马光居官多年，却清正自守、克己奉公，其对物质生活的态度，令人感叹。他曾经在一篇文章中这样写道："由俭入奢易，由奢入俭难。"司马光一生正是按此来要求自己的。

阅读链接

司马光在年老的时候，日子过得比较紧。

有一次，家里没有钱用，他吩咐一位老兵把他相伴多年的坐骑、一匹老马牵到市场上卖掉。老兵临走时，司马光叮咛道："这匹马曾犯有肺病，要是有人买马，你要据实告诉人家。"

老兵私下笑司马光迂腐，然而，他却没能理解司马光对人诚实的用心。司马光竟然如此真诚，这在一般人看来，简直是不可思议的。透过这个小故事，我们可以窥知司马光的品德和涵养。

清正廉洁

明清时期，古代廉政制度建设已臻大成，近于完备，显示出古代廉政文化的发达。与此同时，封建社会结构性衰败不可遏制的暴露，也促使廉政内容多是维系君主专制，抵制官场贪污腐败的阴暗。

这一时期，涌现了一批忠臣、诤臣和廉臣，如明代的海瑞和张居正，清代的于成龙和刘统勋，他们在为官理政乃至做人处世方面独树清风，体现了清风惠政的时代风范。虽然明清时期封建制度走向没落，但廉政建设留下的思想财富，具有继往开来的作用。

海瑞刚正不阿做清官

明代中期以后，阶级矛盾和民族矛盾日益激化，至嘉靖、万历年间，明王朝基业危机四伏。这时候，出现了一些刚正不阿的封建士大夫官僚，海瑞就是其中的一位代表。

海瑞画像

海瑞，是明代著名的清官，一生刚正不阿，不避权贵，犯颜直谏，两袖清风，人称“海青天”。海瑞从小丧父，家境贫寒，直至36岁才得以参加乡试，成为举人。其后任南平县教谕，主持教育工作。

有一天，延平府的督学官到南平县视察工作，海瑞和另外两名教官前去迎见。在当时的官场上，下级迎接上级，一般都是要跪拜的。因此，随行的两位教官都跪地相迎，可海瑞却站着，只行抱拳之礼，三人的姿势俨然一个笔架。

海瑞雕像

这位督学官大为震怒，训斥海瑞不懂礼节。海瑞不卑不亢地说："按大明律法，我堂堂学官，为人师表，对您不能行跪拜大礼。"这位督学官虽然怒发冲冠，却拿海瑞没办法。从此，海瑞落下一个"笔架博士"的雅号。

过了几年，海瑞因为考核成绩优秀，被授予浙江严州府淳安县知县。这时他已经43岁了。

海瑞上任时，一不坐轿，二不乘船，只穿了一件普普通通的秀才衣，骑着一头骡子，带着书童海安，悄悄地进了淳安县界，沿着一条小路向前走去。

有一天，海瑞刚刚从街上回到县衙，管钱粮的李老夫子就笑呵呵地进来，把很厚的一叠礼单送上来，说道："请大人过目，这是全县乡绅听说大人的生日到了，送来的贺礼。"

海瑞一愣，但随即就明白了，这是那些乡绅向他行贿的一个借口，是想让他对多占的土地网开一面。他让家人把礼物全部接下，然后叫李老夫子传下话去，把所有乡绅都请到大堂前说话。

送礼的乡绅见海瑞收下了银子，要请大家喝酒，都高兴地来了。

教谕 古代学官名。宋代京师小学和武学中设。元明清代县学均置，掌文庙祭祀、教育所属生员。明清时期县设县儒学，是一县之最高教育机关，内设教谕一人，另设训导数人。训导是指辅助教谕的助手，而嘱托则是约聘教员。

海瑞祠堂

海瑞见人都到齐了，便从后堂出来，向大家抱拳一揖，笑着说道："海某来到淳安，深蒙各位厚爱，愧不敢当！不过，甭说我的生日不是明天，就是到了过生日的时候，也绝不接受一文贺礼。各位送来的银子，今天一一当面奉还。至于清丈土地的事情，本县言出必行。如果有不逞之徒从中作梗，敢于作弊，本县言出法随，一定严惩不贷。"

海瑞说完，让家人当面点名，叫乡绅们一一上前领回了银子。众乡绅见海瑞当面退银，都瞠目结舌，半晌说不出话来，谁也不敢出面反对清丈土地。

第二天，海瑞亲自下乡，领人丈量土地，成为全国第一个查实土地数目，解决赋税合理负担的县令。贫苦百姓解除了额外负担，家家户户欢喜不尽。

海瑞清丈田亩之后，又着手整顿吏治，实行均徭，革除陋规。他整顿吏治，首先从自己的身上开刀。在当时，作为一个地方官员的收入，一笔是国家的薪俸，另外一笔是"常规"收入。

按照"常规"，地方官员到北京朝觐，所需的车马食宿费用和向京都大员讨好行贿的金钱，都要由本地的百姓摊掏。地方官员向出巡和路过的大官赠送财

总督 通常指一个国家的某片相对自主的区域中实际或名义上的最高行政长官。许多国家都有或曾经有总督这个职位。明代正统末期至景泰初期，除于谦、王骥先后以兵部尚书、南京兵部尚书总督京师、南京军务外，地方也多派总督。这些总督因事而设，事毕即撤。

礼、车船支应及招待费用，也要向百姓们摊派。地方官员自然可以从中渔利，大发其财。

海瑞大胆地革除了这种“常规”，把每人每年要负担的这几项银子从平均5两减至2两。明确宣布自己不要这种“常规”银子，也不向过往官员赠送这种“常规”银子。海瑞在淳安任上曾经两次进京，只用了路费银48两，其他一概裁革。

丈量土地，削减“常规”银，这两项改革，不仅削掉了他自己的特权利益，而且损害了上级官员的利益。

当时有朋友劝告海瑞：“你把这些都革掉了，就大祸临头了！”

海瑞说：“充军流放，下狱杀头，都甘心忍受。无论如何，也不去做这种用刀在百姓身上剜肉的事情！”

由此可见海瑞为官清正，革除特权，不畏权贵，具有大公无私的品格和公正廉明的工作作风。

当时浙江总督胡宗宪的儿子仗势欺人、作威作福，到处敲诈勒索。一天路过淳安，认为驿吏怠慢，对他招待不周，便借机发作，指使手下人把驿吏倒挂着殴打。

此事报到海瑞那儿，海瑞故意揣摩片刻，便高声吼叫道：“胡总督早就宣布，家眷经过的地方不许铺张，这个人随身带了许多珍宝，肯定是个冒牌货。”喝令衙役把他的东西没收充库，并火速驰报胡总督。

胡宗宪闻报，也只好顺水

推舟，不与海瑞为难。

鄢懋卿是权倾朝野内阁首辅严嵩的心腹，持有先斩后奏“尚方宝剑”的都御史。他奉帝命出都巡视，所到之处地方官无不恭迎。有一次鄢懋卿路过淳安，大家深为忧虑，有人劝海瑞通融一下，以免大祸临头。但海瑞置个人生死于度外，硬是不肯屈服，不愿拿老百姓的血汗钱去讨好上司。

海瑞采取“以子之矛攻子之盾”的办法，派人给鄢懋卿送上一封信。信上的大意是：听说都御使吩咐沿途招待要简朴，我很高兴；又听说沿途接待十分奢侈，与您的吩咐完全不一样，令人忧虑。照你的吩咐办，怕怠慢您；铺张浪费招待您，肯定要花很多钱，淳安县小民穷，实在拿不出，您看怎么办？

言事不卑不亢，软中带硬，把难题交给鄢懋卿自己去解答。鄢懋卿知道海瑞刚正廉洁，一时也抓不住他把柄，怕到淳安自讨没趣，只好强按怒火改道而去。

海瑞常说：“人应正直节俭。正直的人必会节俭，因为正直的人明事理。不节俭就很难正直，奢侈浪费与贪污腐化是很接近的。”

海瑞故居铜像

海瑞在生活上也十分俭朴，反对奢侈浪费。他没有额外的收入，只靠薪俸过着很节俭的日子。每天粗茶淡饭，十分清苦。他还自己种菜，让家人上山打柴，樵薪自给。

海瑞对家人说：“我的薪俸不高，家中人口又多，一定不可浪费。饭食清淡一些，不要经常买肉。”

有一天，因为海瑞的母亲过生

日，他家仆人才破例一次买了2斤肉。连总督胡宗宪听到后，也大为惊奇。他对不花钱的酒席饭菜，一口不动；一芥之物，不入私囊；一厘之钱，不送官长。

海瑞在淳安任职4年，他关心百姓疾苦，减免赋税，救济钱粮，平反冤狱，做了不少好事，把一个贫穷的小县治理得秩序井然，淳安父老纷纷称他为“海青天”。

1569年，海瑞就任应天府巡抚。这个职务权力很大，地位显赫，每次出巡，按朝廷规定，前有鼓乐引导，后有护卫，左右有旌旗官牌，三班六役，前呼后拥，十分威风。

海瑞看不惯这一套劳民伤财的制度，很想废除它。于是，就职当日就颁布“督抚条约”，详细规定应天府政治生活的方方面面。其要点是：巡抚出巡禁止各地迎送、禁止装修招待房舍；规定各级官员见巡抚应穿的衣服；禁止大吃大喝、制定饮食标准；禁止非礼之费，禁请托、禁给过往官员送礼；禁假公济私；禁苛派差役。

不久，海瑞出巡的第一个县，就是他十分熟悉的淳安。到了县界果然没有人迎接，住进驿馆，一切也都如旧时一样，没有添置新设备。海瑞对此感到很高兴。

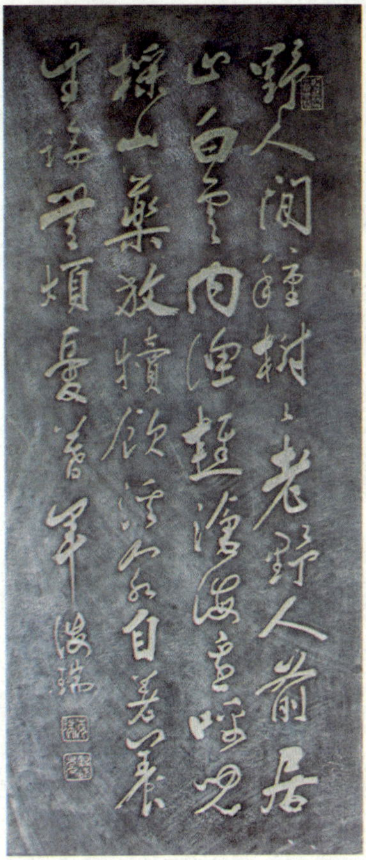

海瑞书法石碑

应天府 1356年，朱元璋亲自带兵分三路用10天时间攻破了集庆路，即今江苏南京，1368年8月，以南京为国都，改集庆路为应天府，是为明代京师。1403年诏改迁都北京顺天府，1421年正式迁都。另外，北宋时期置应天府在宋州，即今河南商丘，后位居北宋陪都。

知县送海瑞来到驿馆正厅。海瑞曾多次来过这里。他习惯地站在堂前打量一下全室，然后坐在椅子上休息。陪同的人也都一一入座。

海瑞刚要让县令汇报情况，突然，他觉得椅子有些不对劲。他伸手摸了摸椅子坐垫，心里明白了。他站起身，走到卧室去看一看，卧室里的被褥，还有那椅子的椅垫都换成了崭新的绸缎。

海瑞很生气地质问知县："三令五申，你怎么明知故犯。我明明记得那旧的绸面并不破旧，为何更换？"

县令面带愧色。海瑞呵斥说："想让我住得舒服？想让我高兴？对不？我不需要！我看到这些并不高兴！"

县令受到申斥，他并不委屈，只感到海瑞清廉刚正名不虚传。他忙说："我立即让人们换下，仍恢复原貌。下官一定记住大人的叮嘱。"

海瑞经常微服察访，了解民情、乡情，解决实际问题，让当地百姓难以忘怀。

吴淞江本是太湖水入海的主要通道，白卯河一段因长年失修，河道淤塞，堤岸也有毁坏，影响湖水入海，致使江南过半的麦田泡在水里，灾民纷纷外逃，社会秩序混乱。海瑞在视察灾区之后，提出了"以工代赈"的计划。

根据这个计划，招募大量灾民参加白卯河的疏浚，动员绅士为赈灾捐钱献粮，朝廷把救济粮以工钱的形式发给治水的民工。计划公布后，灾民踊跃参加治水大军，逃荒在外的也返回故里，连应天府之外的农民也赶来了。

海瑞亲临工地，督促大小官员恪尽职守，并严厉惩处了贪污钱粮的官吏。几十万民工干劲十足，仅用56天就完成了吴淞白卯河疏浚工程。“要治吴淞江，需请海龙王”，这是江南人民对海瑞的赞誉。

明中后期，江南的土地兼并情况日益严重，大地主侵占农民的土地，却把赋税、徭役转嫁给农民，百姓苦不堪言。海瑞决心为国为民治一治侵田的歪风。

退田是棘手的，要扩大影响必须拿最大的地主开刀以打开缺口。江南最大的地主要算松江华亭的退职宰相徐阶，此人家有良田40万亩，多数是从农民手中夺来的。目标选中，海瑞却为难了，因为徐阶是他的救命恩人。

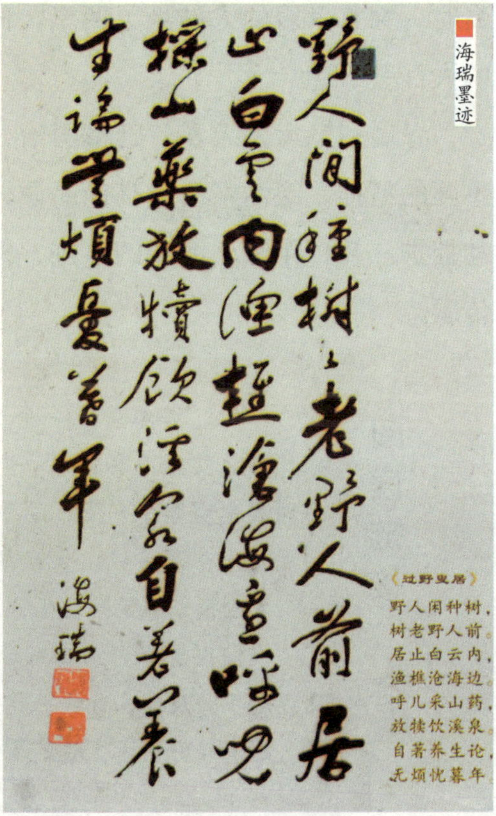

海瑞墨迹

《过野叟居》
野人闲种树，
树老野人前。
居止白云内，
渔樵沧海边。
呼儿采山药，
放犊饮溪泉。
自著养生论，
无烦忧暮年。

当初，海瑞因给明嘉靖帝上《治安疏》，指责皇帝不理政事而被打入死牢，如果没有徐阶在皇帝面前苦口婆心为他说话，海瑞早已身首异处。为此，他翻来覆去几宿没有睡好，经过激烈的思想斗争，决定从个人恩怨中解脱出来，秉公执法。

海瑞写了《督抚条约》，叫人抄写后送交各府县张贴，既是打招呼，也表明了他对退田的决心。接着，又以私人的名义给徐阶写了一封信，申明“退田”之大义，要阁老好自为之。

徐阶退出了几千亩地，并把为非作歹占民田的儿子关在家里。海瑞自然不肯就此了结，再次写信给徐阶，严肃指出“必须再加清理”，占田的儿子应受惩罚。面对铁面无私的海瑞，徐阶招架不住了。于是，他的两个违法的儿子也给海瑞法办了。

经此一事，江南占田的地主接二连三地把田退了，兼并土地之风得到平抑。

海瑞去世前3天，兵部送来柴火银子，一算多了7两银子，他还让退回去。去世后，南京都察院佥都御史王用汲去照顾海瑞，只见用布制成的帷帐和破烂的竹器，有些是贫寒的文人也不愿使用的，因而禁不住哭起来，凑钱为海瑞办理丧事。

海瑞的死讯传出，南京的百姓因此罢市。海瑞的灵柩用船运回家乡时，穿着孝服的人站满了两岸，白衣白帽者望不到尽头，祭奠哭拜的人百里不绝。

海瑞一生大公无私，励精图治，不畏权贵，为国为民，他的刚直不阿的精神，廉洁奉公的高尚品质，受到后人们的怀念、崇敬、爱戴和拥护。几百年来，海瑞的事迹，构成了一个典型的清官形象被广泛传颂。

阅读链接

一天，海瑞看见一个小孩在哭，一问才知小孩是卖油条的，早上卖完后靠在石头上睡觉，醒来时卖油条的钱不见了。海瑞周围观察了一下，让手下人借来一只盆子，倒上清水，让围观的人往里丢钱。大家见海大人如此吩咐，就都照着做。有一个人刚把铜钱丢到盆里，海瑞就命令手下把他抓起来。

人们很惊奇，海瑞解释说：“你们瞧，他丢下铜钱后，水面浮起了一层油，这钱一定是他偷的。”

那人只好认罪，钱就是他偷的。

张居正以天下为己任

明代嘉靖、万历年间，明王朝危机四伏，出现了以天下为己任的为官者，张居正就是肩负“举废饬弛，肩劳任怨”历史使命的代表性人物。

张居正，自幼聪明过人，15岁考中秀才，26岁中进士，46岁进入内阁，48岁至58岁任内阁首辅。张居正是明代著名政治家和改革家。他从政治、经济、文化、军事等方面进行了一系列改革。其中，他的治吏张法、爱国利民的业绩，至今仍为国人所称颂。

张居正妙对府台

明代中期，吏治腐败。张居正以国家大业和

张居正画像

人民安定为本，针对混乱不堪的时弊，制定并推行了对各级官吏进行考核和管理的“立限考成法”，这是对明代吏治的重大改革。

张居正认为：

天下之事，不难于立法，而难于法之必行；不难于听言，而难于言之必效。

张居正主张不仅要对各级官员进行定期考察，而且对其所办的每件事都要规定完成期限，进行考成，即所谓“立限考事”“以事责人”。这就是张居正“立限考成法”的基本思想。

张居正根据“立限考成法”，对从朝廷至地方的各级官员进行严格控制。

1574年，张居正责令吏部尚书张翰和兵部尚书谭纶，把全国知县以上文武官员的姓名、籍贯、出身、资历等自然情况登记造册，由六部和都察院按簿登记，要求对所属官员承办的每件事，逐月进行检查，完成一件，注销一件，如不按时完成，必须如实审报，否则，以违制罪论处。这样，层层检查，层层负责，推进了办事效率的提高。

张居正在考核地方官时强调，要把那些秉公办事、实心为民的官员列为上考；对那些花言巧语、欺上瞒下的官员列为下考。

在考核中，张居正还善于将整顿吏治和为民做好事结合起来。既稳定了社会秩序，又提高了行政工作效率，形成了朝廷命令朝下疾如迅风的良好政治局面。

张居正认为，要使国家长治久安、减轻人民负担，首先必须从官员做起。他说，每个官员必须明确职守，对那些只吃皇粮不管事的冗官，要进行裁减，并宣布，各地不得擅自添设机构和人员。

1580年，张居正亲自下令撤除苏松地区私自添设管粮参政人员，并立即责成吏部认真核实上报各省擅自添设官员人数。张居正对不谋其政的多余官员，坚决地进行裁减。1581年一次就裁革冗官达169名。在他当政期间所裁革的冗官，约占官吏总数十分之二三。

张居正一边裁革冗官，一边又广罗人才，把那些拥护改革、政绩卓著的官员，提拔重用。

一次，明神宗朱翊钧审阅关于山东昌邑知县孙凤鸣贪赃枉法的案卷，随即问张居正："孙凤鸣身为进士，为何这样放肆？"

张居正回答说："孙凤鸣就是凭借他的资历才敢这样妄为；以后用人，要先视其才，不必求资历。"

明神宗非常赞同张居正的意见。如此一来，张居正就以圣旨为令箭，大胆地启用人才。实践证明，凡被他启用的人才，都成为改革中

明神宗和张居正蜡像

驿站 古代供传递官府文书和军事情报的人或来往官员途中食宿、换马的场所。我国是世界上最早建立组织传递信息的国家之一。在明代，从京师到各省的交通要道都设有驿站，负责供应使用驿站官员的吃、住、夫役和交通工具，称为“驿递制度”或“驿站制度”。

的骨干。

张居正在整顿吏治的过程中，对各级官员凭借职权滥用驿站行为，也进行了整顿。当时驿站的使用日益混乱不堪，不仅官员滥用，而且常出现将勘合转借他人使用的现象。一些不法权贵，手持勘合到驿站，随意索求，享用奢靡，残害百姓，人民极为愤慨。

张居正为整顿一些官员借用职权之便大肆挥霍国家之财的享乐行为，对凡违反制度使用驿站的官员，一律严惩不贷。

据《明实录》和《国榷》记载，1580年，张居正处罚违制使用驿站人员达30人之多。其中革职7人，降级的22人，降职的1人。

张居正画像

张居正在执法上一视同仁。一次，张居正弟弟由京返乡，保定巡抚无原则地发给他一张勘合使用驿站。张居正得知此事，立即责令其弟将勘合上缴，同时对滥发签证的保定巡抚进行了严厉的批评。

经过整顿，从根本上改变了滥用驿站的状态，保证了国家军事要务的畅通，为国家节省大量资金，减轻了人民负担。

在整治中，张居正强调把执法和尊君结合起来，以

■ 张居正故居帝赉忠良碑刻

此严肃法纪，彰显国威。张居正把破坏法纪的权贵，视为祸国殃民的大患，予以坚决打击，从不手软。

当时横行在江陵一带的辽王朱宪，是张居正少年时代的好友。此人无恶不作，民愤极大，地方官和朝廷派去查办的人员都不敢惩治。张居正得知后，毅然决定审理此案。

张居正根据朱宪犯罪事实，秉公执法，毫不留情地把他废为庶民。同时对关于此事隐情不报和失职的官员，也给予了应有的惩处。这些严格执法、惩治恶官的行动，抑制了强豪的猖狂，顺应了人民的心愿，实为张法利国之创举。

在推行考成法，整顿吏治，国家财政开始好转之后，张居正又开始清丈全国土地。

当时的赋役制度不能适应封建商品经济渐趋活跃的新变化，造成了民不聊生的政治经济危机。对此，

勘合 古时符契文书上盖印信、分为两半，当事人双方各执一半，用时将二符契相并验对骑缝印信作为凭证。凡调遣军队、车驾出入皇城、官吏驰驿等均须勘合。明代用于边戍调遣，有调军勘合和军籍勘合。清代官吏使奉差出京沿途用驿站马匹，必须查验邮符，也称“勘合”。

■张居正故居

黄河 全长约5464千米，流域面积约79.5万平方千米，世界第五大长河、我国第二长河。黄河中上游以山地为主，中下游以平原、丘陵为主。由于河流中段流经我国黄土高原地区，因此夹带了大量的泥沙，所以它也被称为世界上含沙量最多的河流。但是在我国历史上，黄河及沿岸流域给人类文明带来了巨大的影响，是中华民族最主要发祥地，中国人称其为“母亲河”。

张居正认为，只有使人民“足食”，才能做到“国富兵强”；只有改革赋税负担，才能使人民“足食”。而要改革赋役负担，减轻民生疾苦，必须从清丈土地开始。

1578年，张居正下令对全国各种类型的土地进行清丈。限3年完成。并规定凡是破坏清丈者，要“下诏切责”。清丈的结果是，把地主豪强隐漏的土地清查出来一部分。同时核实了贵族豪绅的税款，减轻了农民的负担。

在清丈土地的基础上，张居正又实行赋税制度的改革，于1518年在全国推行“一条鞭法”。

“一条鞭法”的基本内容：

赋役合并，摊丁入亩，按亩征收，计

亩征银，按照土地实际占有情况向国家交纳赋税。

“一条鞭法”虽然不可能彻底执行，但因为它减轻了无地农民的负担，简化了赋役名目和征收手续，使官吏不易与豪强地主通同作弊扰民，从而缓和了阶级矛盾，增强了国家经济实力，对于挽救社会危机起到了一定的积极作用。

1575年，黄河、淮河相继决口，水患严重、修治不力，张居正不忍坐视人民流离失所，决定治理黄河，为国造福，为民解忧。

张居正知道自己不是水利专家，缺乏治河的实际经验，便推荐水利专家潘季驯总理治河工程和漕运。潘季驯以科学推算为根据，一反传统方法，提出“以

漕运 是历史上一项重要的经济制度。历代封建王朝将征自田赋的部分粮食经水路解往京师或其他指定地点的运输方式。水路不通处辅以陆运，多用车载，故又合称“转漕”或“漕挽”。运送粮食的目的是供宫廷消费、百官俸禄、军饷支付和民食调剂。

张居正体察民情

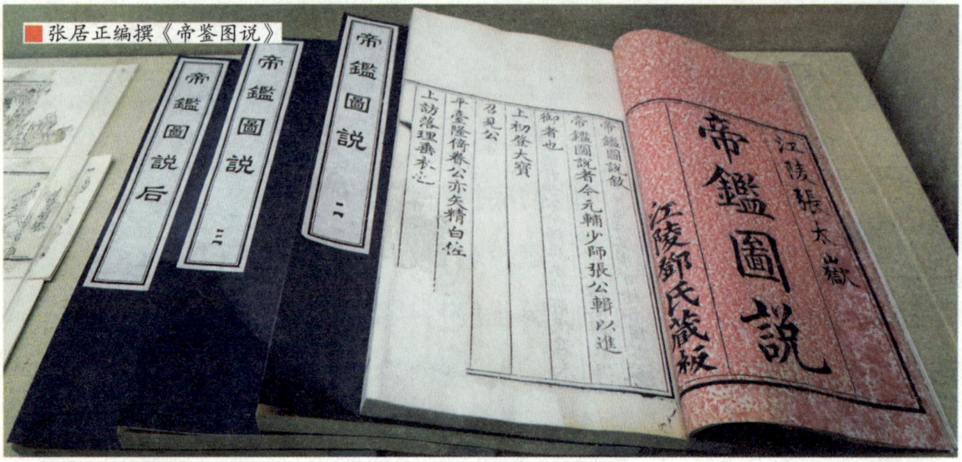

张居正编撰《帝鉴图说》

堤束水，以水攻沙”的治河方针。由于张居正的支持，潘季驯的方案得以实施并取得成功。

于是，被淹没的土地田庐皆尽已出，数十年弃地转为农桑；而且畅通了运河，便利了漕运。通过治河，既减少了人民由于水患所遭受的损失和痛苦，也对当时国家的财政好转及经济发展，起到了一定的促进作用。

张居正能顺应民心，锐意改革，于国于民有利，因而受到了后人的称赞与肯定。作为一代名相，张居正以天下为己任，爱国为民、任劳任怨、举废饬弛、造福社稷的功绩将永存。

阅读链接

张居正做首辅时，像老师教学生一样，辅导年仅10岁的明神宗。他编了一本有图有文的历史故事书《帝鉴图说》，每天给明神宗讲解。

有一次，张居正讲完汉文帝在细柳劳军的故事，希望明神宗能够注意武备，明神宗连忙点头称是。又有一次，张居正讲宋仁宗不喜欢珠玉的故事，明神宗就说做君王的应该把贤臣当作宝贝，而珠玉无有。张居正见10岁的孩子能说出这样的话，很是高兴。张居正对明神宗教育十分严格，明神宗也把张居正当作严师看待。

于成龙享誉清官第一

清代康熙皇帝自即位以来，励精图治，是一个有作为的皇帝，除了军事和经济措施外，廉政建设也是他稳定和巩固政权的重要一环。对于像于成龙这样的清官自然大加褒奖。

于成龙，居官20多年，以其政绩和廉洁蜚声朝野，康熙皇帝褒奖他“清官第一”。于成龙自幼过着耕读生活，受到较正规的儒家教育。他在1639年曾经参加过乡试并中副榜贡生，但因为父亲年迈需要照顾而没有出去做官。

于成龙塑像

1661年，年已44岁的于成龙，接受清代朝廷委任，到遥远边荒之地广西罗城为县令。当时罗城，由于长年战乱，环境和条件极差。于成龙上任前，亲朋好友都来相劝，让他不要到那“蛮烟瘴雨”之地去吃苦。

于成龙雕像

于成龙不为所动，变卖了部分家产，凑足路费百两，怀着“此行绝不以温饱为志，誓勿昧天理良心”的抱负，毅然登程。于成龙来到广西罗城后发现，县衙院内荒草丛生，中堂仅有3间草房，内宅的茅屋内没有墙壁，破陋不堪，有时大白天竟有野兽出没。

于成龙面对这些困难，没有退却，他用石块垒起“案几”，在堂前支锅做饭，夜里睡觉头枕刀枪。用茅草搭建官署房屋，用棘条树枝编屋门。室内设置也非常俭朴，桌子是用泥土堆的，床上铺的是几捆干草，而且办公、生活全在这一间茅草屋内。

在整治边荒的过程中，为了节省开销，于成龙出外考察时从不坐轿子，而是头戴斗笠，脚穿草鞋，有时冒着酷暑，有时踏着泥泞的道路，到乡间巡视。

为改变罗城面貌，于成龙努力招抚流亡，发展农业生产。他经常到田间察看，并与农夫农妇亲切攀谈，宣传耕作的道理，并采取一些有效的措施，诱导、鼓励人们发展生产。

罗城 广西罗城县地处桂北九万大山中心南麓。旧城遗址在县城西南的四把镇里胜旧县屯，系唐代天河县始建时县治所在地，是县内迄今发现最早的古县城遗址。依山处有岩洞，分上下层，下层有明代嘉靖年间闽人祭题书的摩崖石刻诗。

百姓们见于成龙实心任事，却如此清苦，心中十分不忍。

一次，百姓见于成龙身体不好，就凑了些钱送去，他们跪在地上恳求于成龙收下：“我们知道您辛苦，请收下这点盐米钱吧！”

于成龙说：“我一个人在这里，要钱干什么？你们拿回去奉养父母，也就等于给我了。”

百姓们只好将钱拿回。

有一次，于成龙的大儿子从家乡来看他，他很高兴。可是在儿子临走时，他既没给钱，也没有给他带什么特产。当时厨房中正有一只咸鸭子，于成龙觉得这已经很丰厚了，于是就割了半只给了儿子。

百姓得知此事，感动得流下了热泪。有人编了这样一句民谣：

于公豆腐量太狭，
公子临行割半鸭。

于成龙在罗城奋斗几年后，使罗城县面貌大为改观，百姓的生活很是富足。

1667年，于成龙升任四川合州知州。罗城百姓听

知州 古代官名。宋代以朝臣充任各州长官，称“权知某军州事”，简称“知州”。“权知”意为暂时主管，“军”指该地厢军，“州”指民政。明清时期以知州为正式官名，为各州行政长官，直隶州知州地位与知府平行，散州知州地位相当于知县。

于成龙治理合州

康熙画像

到于成龙离去的消息，呼号："大人离去，我们没有主心骨了！"赴任之日，百姓们依依不舍，送出三四百里。

于成龙一到合州，首先免除官员的随从之费，自己仅有一匹病马，以家仆自随。当时的合州，地方的官员以土产馈赠上司的习惯几乎成了风气。

一次，知府下帖，让合州送鱼。于成龙不但不送鱼，反而向上呈文，备陈合州百姓困苦之状。知府自知理亏，不但没怪罪他，反而裁革了10余件对合州不合理的摊派。

1678年，于成龙因政绩显著，升福建按察使。赴闽之前他特意嘱咐手下人买了200斤萝卜放在船上。他的一位属下听到后十分奇怪，问道："大人为何买这么多萝卜？萝卜又不是什么值钱的东西。"

于成龙解释说："我们这一去，路上要走好几天水路，萝卜便宜，可当菜吃，不是水和菜都有了吗？"

属下听后感慨地对别人说："于大人太节俭了。要是为官的都能像于大人那样，很多事就好办了。"

于成龙船载萝卜上任，是对："一任清知府，十万雪花银""千里为官只为财的颠覆，成为后世从政为官者的一面镜子"。

于成龙到福建上任后，仍以清苦自励，不改初

按察使 古代官名。宋代仿唐代刺史制设立，主要任务是赴各道巡察，考核吏治。由宋代提点刑狱演变而来。明代中期后各地多设巡抚，按察使成为巡抚的属官。清代也设按察使，隶属于各省总督、巡抚，为正三品官。清代末期改称"提法使"。

吏。过了一段时间，人们发现官署后院的槐树叶子一天比一天少。开始人们没有在意。后来，人们发现于成龙的仆人每日去摘树叶，便好奇地向他询问。

仆人说："于大人非常喜欢喝茶，只是苦于当时茶价昂贵，不舍得花太多的钱去买茶叶，就想了这个主意。"

同僚们知道了这事后，有的笑于成龙"太会过"，也有人说他是"小气鬼"。可于成龙听到这些后，却认真地说："现在百姓生活相当艰苦，我们这些当官的，还真得学着'会过'，学着'小气'些！"

在当时，外国商人前来福建做贸易，有的人经常给当地官府送礼。对此，于成龙一概谢绝，真正做到了两袖清风，一尘不染。

由于于成龙的清廉名扬天下，受到了康熙皇帝的褒奖，1682年，提升他为两江总督。

这个消息传出后，两江总督所管辖的大小官吏们

两江 指江南省和江西省，是清王朝的财赋重地，也是人文荟萃之区。1667年，江南省东西分置而建江苏和安徽两省。

总督 通常指一个国家的某片相对自主的区域中实际或名义上的最高行政长官。许多国家都有或曾经有总督这个职位。与只掌握一省行政事务的巡抚不同，总督兼管数省，同时在政务之外也兼掌军务。

于成龙雕塑

于成龙雕塑

便为迎接新总督忙开了。他们有的借机广收本地名产、特产，想等新官上任先奉上丰厚的见面礼，以此来博得新上司的好感；有的则忙着为新总督挑选豪华的府邸，想以此使自己和新总督的关系更亲近。

就在这些官吏们准备在新总督面前讨好争宠的时候，一天，突然有人报告：新任的总督于成龙已经到了总督府。

原来，在赴任之前，于成龙先请假回家葬母，然后雇了一辆驴车，与幼子同行，各怀钱数十文，沿途住小店不入公馆，悄无声息地到达江宁任所。于成龙做官从不带家属随任，这时因年已65岁，而且身体多病，所以，才带小儿子在身边侍奉。

新任总督一路没有前呼后拥的仪仗，也没有随从，只带着儿子，雇了一辆小毛驴车就上任。这一切，使那些整日花天酒地的贪官污吏们大为震惊。

于成龙上任后，第一件事是把所管辖范围的下属官吏传来，严肃地说："为官的，一定要带头奉公守法，勤恳办事，绝对不允许铺张浪费，追求奢靡。"他还告诫大家：如有违背上述规定的，一定认真追查，严惩不贷。

于成龙身为两江总督，以身作则，他的内室陈设十分简陋，除了破旧的案儿，一个装朝服的竹箱，两个饭锅之外，其余的都是他的文卷书册。

于成龙自奉简陋，每天粗茶淡饭，所食只青菜一把。他身居高位，却要求自己以粗茶淡饭度日。在封建社会，总督一级的官员，一年到头丝毫不沾美味佳肴，实属难得。加上他府中有一幅《青菜图》，因此，江南人送给他一个外号“于青菜”。

在于成龙的影响下，江南民俗有很大改变，过去人们喜欢穿着艳丽，后来，上行下效摒弃了绸缎，都以穿布衣为荣。就连士大夫家里都不再攀比奢华，自动减少了车马家奴，府邸不那么辉煌了，婚嫁也不再吹吹打打了。

1684年，年近70岁的于成龙病故在两江总督任上。人们在整理于成龙的遗物时，发现他的私人财产少得令人难以置信。他的所有遗物是：床头旧竹箱一个，里面仅有一套粗丝衣服，一双靴子；床头上有盥洗用具一套；另外还有一只旧缸，缸中有少许粗米，少许盐；除此之外便只有书籍了。

人们见于成龙生活如此清苦，忍不住哭出声来。就连平时心惮于成龙的人，也都感动流涕。于成龙去世的消息一传出，江南百姓悲痛万分，商人罢市聚哭，家家绘像奠祭。

康熙皇帝闻知，十分感慨，提笔称他是“天下第一廉吏”，还追赐他一个“清端”的谥号。

于成龙为官清廉自守，多行善政，其节操至死不变，不仅受到了时人的爱戴和敬仰，也给为官者树立了廉吏的榜样。

阅读链接

于成龙任两江总督之前，曾经担任一段时间的直隶巡抚。这是明代中期设置的一个巡抚职位，大名县就在北直隶辖区之内。

在当时，大名县的县官遵循旧习，在中秋节前给于成龙送了一份中秋礼。但他没想到的是，遭到了于成龙的严词拒收。稍后，于成龙还特地颁布了《严禁馈赠檄》，通报了大名县县官的送礼行为，并明令所属官员，今后如果发现逢年私送者，决不宽恕。于成龙清廉自守的品格由此可见一斑。

刘统勋的文正廉洁

清代乾隆皇帝也是一代有为之君，他发展的“康乾盛世”局面，当然少不了刘统勋这样有古大臣之风的优秀臣工。

刘统勋，为官数十载，自奉节俭，尽职尽责，清乾隆皇帝说他颇“有古大臣风”。“古大臣风”指的是具备德高才能，达能廉济天下、穷则独善其身的人。有这种“风”的“古大臣”，是集忠臣、贤臣、能臣、廉臣于一身之臣。乾隆此说，源于刘统勋做人为官之所为。

刘统勋画像

刘统勋于1724年进士，选庶吉士，从此步入仕途。后来累官至刑部尚书，工部尚书，吏部尚书，尚书房总师傅，内阁大学士，翰林院掌院学士及军机大臣。

刘统勋自任官之日起，都是在朝廷内任职。但他却从不以此炫耀，更不与他人在荣华富贵上去攀比。即使身居要职也自奉极俭。刘统勋为官清廉，表现在不仅自奉俭节，而且还能在任何场合拒绝贿赂，真正做到了“立朝侃然”。

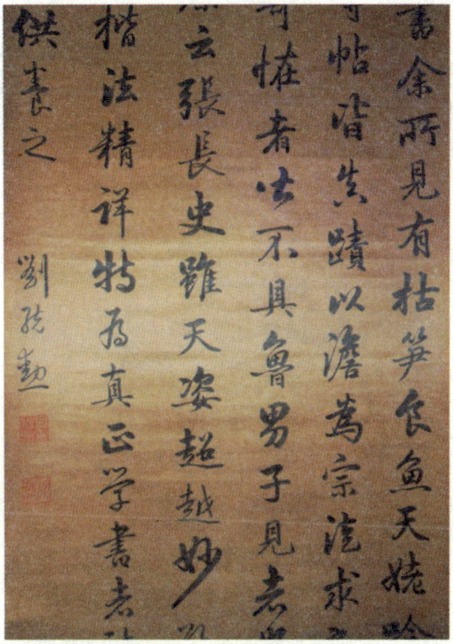

刘统勋书法

一次，刘统勋的一位老友之子出任湖北巡抚，为寻求刘统勋对其子在日后给予关照，特派仆人登门馈送黄金千两。

面对世交故友送来的黄金，刘统勋心中十分清楚：这是有求于我。按说他可以一口拒绝，但为了给老朋友留个面子，他思索再三，最后唤其仆人来见。

刘统勋对老友的仆人说：“你家主人不忘世谊，前来问候，我很感激。你回去告诉你家主人，让他把这份厚礼赠送给故交中贫穷的人吧！”

仆人听后，深为感动，代主人表示谢意，携金而回。

又一次，一位带有厚礼的人深夜来访。门人告知刘统勋后，刘统勋深知其中之奥妙，因而拒不会客。

第二天早，刘统勋来到政事堂，传人让昨夜来访者入见，并以责怪的口气对他说：“昏夜叩门，这不是贤者所为。你有何事禀告，可在众人面前说出来，即使是我的过失，也可让我受益于你的劝诫规谏。”

来者听罢支支吾吾，后只好面带愧色退了出去。

刘统勋自我要求非常严格，要求他人也理直气壮。他在任都察院左都御史时，对那些贪赃枉法者从

政事堂 唐代初期始有此名，设在门下省，后迁到尚书省。当时分列吏房、枢机房、兵房、户房、刑礼房五房，分理众事，供职者称为堂后官，都是吏员，地位极为重要。唐宋时期宰相的总办公处。元明清时期，不再设政事堂。

清朝乾隆皇帝朝服画像

不宽容。

据史载，云贵总督恒文、云南巡抚郭一裕、山西布政使蒋洲、西安将军都赉、归化将军保德、江苏布政使苏崇阿、江西巡抚阿思哈等人贪污、受贿案，都是经刘统勋外出审查处理的，而且结论公允，让人不能不服。

刘统勋多年察看黄河、运河的河工，对河工症结非常清楚。与一般官吏多注重治工方略不同，他认为河工中的财物管理是治河成败的关键因素。对于河工侵吞国库专拨的工程款这一痼疾，刘统勋有相当深刻的认识，并提出了对治方法。

1753年，江南邵伯湖的减水闸及高邮的车逻坝决口，乾隆派刘统勋等前往检查决口的原因。

南河工程的总负责人就是大学士两江总督高斌，他在雍正一朝就是江南河道总督，同时也是乾隆帝慧贤皇贵妃的父亲。此时这位治河能臣已是年逾古稀的老人。

高斌虽然本人清廉不贪，但是其属员却放肆地侵吞治河专款、偷工减料、贻误工期，以至于酿成了决口的重大事故。

刘统勋经过深入调查了解真相，将情况如实向乾隆作了汇报。乾隆遂将高斌及其副手张师载以失察罪名革职。这件事对其他河工中饱私囊是个严正警示。

1756年，刘统勋取代被革职的富勒赫被派往治河

布政使 古代官名。清代正式定为督、抚属官，专司一省财赋及人事，与专司刑名的按察司并称“两司”。康熙时期，每省设布政使一员，不分左右。又改变明代做法，于直隶也设布政使，江苏则设两员，分驻于江宁与苏州。别称“藩台”“藩司”。

工地勘测，主持完成加高堤坝的工程。一年后，他又前往徐州督修近城石坝。此时刘统勋已年近花甲。

在徐州，刘统勋事必躬亲，亲临治河工地，风餐露宿，保障了堤坝的质量与按时完工。

有一次刘统勋去杨桥工地视察，发现那里加固堤坝的工程已经逾期一个多月，仍然久拖未完。他询问误期的原因，有关人员解释说是由于柴火供应不上。

刘统勋听后，知道其中必有弊端，便微服私访，结果发现几百辆装满柴火的车辆就停在路边。忽然，刘统勋听到赶车人群里传来哭泣声，就马上前来询问。

赶车人愁眉不展，唉声叹气地说：“河员必须收取钱财才接受柴火，我们因没钱行贿，柴火即使运到工地也不能卸车。”

刘统勋立即回到工地，对有关河员进行严惩，并积极协调柴火车辆马上进场卸车，然后迅速发放。杨桥堤坝很快就完工了。

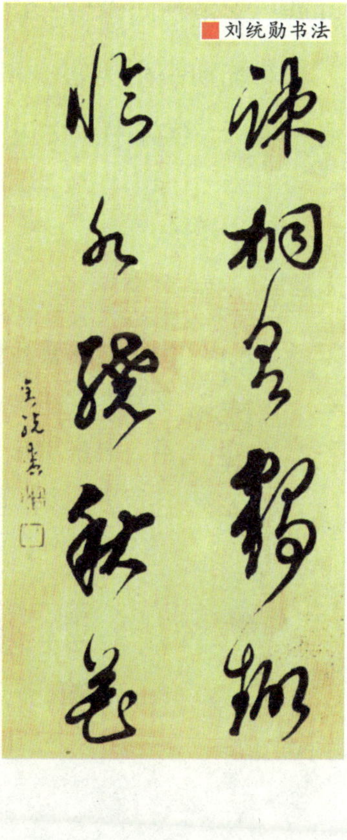
刘统勋书法

刘统勋在朝数十年，一直以清廉著称。乾隆皇帝也深知其人。然而，真正使乾隆皇帝感动，并真正了解刘统勋，却是在刘统勋病逝之后。

1773年11月的一天，刘统勋于黎明时坐轿入朝。行至东华门外，抬轿的人突然感觉轿子一侧偏重，很不对劲，就连忙掀起轿帘查看。一看之下，大吃一惊，只见刘统勋歪身轿内，已经去世了。

乾隆皇帝闻讯，急派尚书福隆安送药急救，但已不及。朝廷重臣死在上朝的途中，满朝大为震惊。乾隆皇帝十分悲痛，哭着对诸臣说："朕失一股肱！"并决定亲自去刘统勋家里吊唁。

刘统勋的家在礼士胡同。乾隆皇帝来到礼士胡同刘统勋家门外，但刘家门庭矮小，轿子抬不进去，只好将轿子顶盖拆下才抬进院子。待入室之后，又发现室内极其俭素，心中不免为之大恸。

回朝之后，乾隆皇帝对左右近臣说："刘统勋不愧真宰相，汝等宜法效之。"他让在朝的官员们向刘统勋学习。并追赠刘统勋为太傅，祀贤良祠，又赐予"文正"谥号。

清代礼制尤重"文"字和"正"字，唯有翰林出身或官至大学士者，方得谥"文"，而"正"字尤为难得。"文正"两字联璧，更非臣下所敢擅拟，非皇上特恩不得用。

清代，芸芸众生，衮衮诸公，得谥"文正"两字者，不过汤斌、刘统勋、朱珪、曹振镛、杜受田、曾国藩、李鸿藻、孙家鼐8人而已。可见"文正"两字旨在彰显名臣风范。

刘统勋一生为官，清正廉洁，秉公无私，在当时的官场之中可谓清风独标，实不枉"文正"二字。正所谓计天下利者，必得万世名。

阅读链接

刘统勋是乾隆皇帝的股肱之臣，乾隆凡事愿与他一起研究解决。有一次，户部上奏说各省州、县管理钱粮库的官吏不尽职，乾隆本想罢免他们，就找刘统勋商议。刘统勋请求皇上容他回去思考后再给一个准确的答复。

第二天，刘统勋给乾隆提建议说，州、县官员是老百姓的父母官，只要他们能够为百姓效力，那么仓库之事自然可以解决，不必将他们尽行罢免。刘统勋的核心意思就是不要因噎废食。乾隆皇帝点头，很是认可刘统勋的看法。

《广东新语》导读

一、引言

《广东新语》是明末清初广东著名诗人、学者屈大均的重要著作，它不仅详细地记载了广东的自然地理、历史文化，还反映了当时的社会风貌和学术倾向，是一部百科全书式的史料笔记。作为广东历史上最负盛名、最有影响的一部史料笔记，《广东新语》具有很高的文献价值，是研究广东历史文化的重要参考资料。

二、屈大均其人

屈大均（1630—1696），字翁山，又字介子，别号很多，有泠君、华夫、五岳外氏、九卦先生、髻人等，广东番禺人。他从小在父亲屈宜遇（字原楚，号澹足）的督责下读书，“日诵不问何书，必以数千言为准”（《翁山文外·先考澹足公处士四松阡表》）。又天资聪颖，“年十四五，甫知问学，即皇皇亲师友，从里中贤豪长者游”（《翁山文钞·黎太仆画像记》）。南明弘光元年（清顺治二年，1645），他经名僧天然和尚推荐，师从顺德名士陈邦彦读书于越秀山，治《周易》、《毛诗》，兼及捭阖、阴阳、剑术、舆地之学。

屈大均生活的年代，正值明清鼎革之际，社会极为动荡。崇祯十七年（1644）三月，李自成攻入北京，十九日，崇祯皇帝自缢于煤山。五月，清军入北京；九月，清顺治帝入关，随后清军一路南下。而在南京、福州、广州等地的明代遗臣，则陆续拥立数位明宗室进行激烈抵抗，以图延续明王朝的气数，史称“南明”，其中在广东就分别建立有绍武、永历两个政权。清王朝作为以少数民族入主中原而建立的新政权，他们在南下征服的过程中大肆杀戮，造成百姓流离失所，民族间的矛盾异常尖锐，反清复明成为这个时代众多士人的主要使命，屈大均也不例外。南明隆武二年十二月（1647 年 1 月），清军攻陷广州，永历元年（1647）春，陈邦彦起兵高明山中，以舟师先攻顺德，约大学士陈子壮起南海、侍郎张家玉起东莞、参政黄公辅起新会，互为犄角，以抵御清军。屈大均之从兄屈士煠、屈士煌也破产起兵，屈大均则从其师陈邦彦而独当一队。九月，陈邦彦兵败被执，惨遭磔杀，屈大均舆尸拾发齿而囊之；不久，张家玉、陈子壮亦兵败，相继殉国。

永历三年（1649），屈大均赴肇庆行在，向永历帝上《中兴六大典书》，将授以中秘之职，旋以父疾而归里。是年冬，其父澹足公去世。明年，广州再度陷落，屈大均乃避入空门，选择在番禺雷峰山海云寺出家，礼天然和尚函昰，法名今种，字一灵，从此开启十馀年的“僧服儒心”的生活。直到康熙元年（1662）四月，他才回到故乡，蓄发归儒，然而他匡复之志未改，一直在为抗清事业积极奔走。从永历六年（1652）起，屈大均数次度岭远游，往来于吴越、幽燕、齐鲁、荆楚、秦晋、辽东等地。他在所到之处，探访明代遗墟废垒，结交志节之士，还曾与魏耕暗通郑成功反攻镇江、南京。康熙四年（1665）他复上北京，游历西安、代州等地，与李因笃、顾炎武结交。康